Karl Jansen-Winkeln

Die Personennamen im Alten Ägypten

Adolf-Erman-Vorlesungen zur ägyptischen Sprache und Kulturgeschichte am Berliner Wörterbuch-Projekt

Herausgegeben von
Tonio Sebastian Richter und Daniel Werning
im Auftrag der Berlin-Brandenburgischen Akademie der Wissenschaften

Band 3

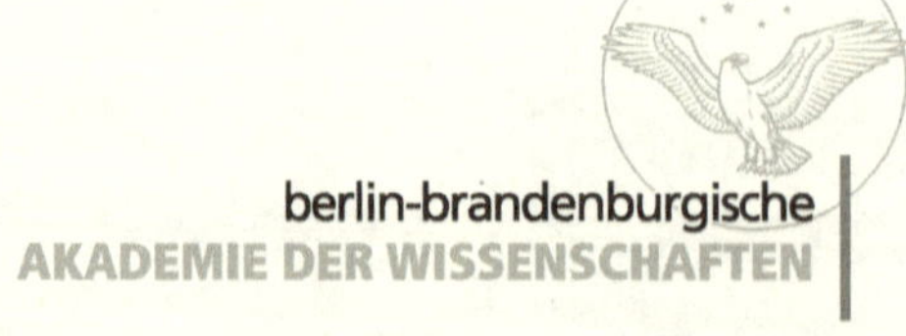

Karl Jansen-Winkeln

Die Personennamen im Alten Ägypten

DE GRUYTER

ISBN 978-3-11-155660-4
e-ISBN (PDF) 978-3-11-155703-8
e-ISBN (EPUB) 978-3-11-155710-6
ISSN 2751-7454

Library of Congress Control Number: 2024944674

Bibliografische Information der Deutschen Nationalbibliothek
Die Deutsche Nationalbibliothek verzeichnet diese Publikation in der Deutschen Nationalbibliografie; detaillierte bibliografische Daten sind im Internet über http://dnb.dnb.de abrufbar.

www.degruyter.com

Vorwort der Herausgeber

Das dritte Heft der „Ermaniana"-Reihe enthält die **Erman-Vorlesung des Jahres 2020.** Wie in den Jahren zuvor, so wurde auch in diesem Jahr der Geburtstag Adolf Ermans (1854–1937), des Begründers der „Berliner Schule" der Ägyptologie, gefeiert – und doch war nichts wie gewohnt. Mit Sicherheitsabständen von anderthalb Metern bot die Bestuhlung im Einstein-Saal der Akademie am Gendarmenmarkt Sitzgelegenheit für gerade einmal vierzig, mit Schutzmasken bewehrten „Präsenz"-Gästen, die am Einlass ihre Kontaktdaten hinterlassen hatten, während ein Mehrfaches an Interessierten dem Vortrag per Videokonferenz lauschte. Unter diesen Umständen eines *rnp.t-j(ꜣ)d.w* „Jahres der Seuche", wie die Ägypter es genannt und dem Furor ihrer löwenköpfigen Göttin Sachmet zugeschrieben hätten, präsentierte die Erman-Vorlesung 2020 einen der bedeutendsten Editionsphilologen der Ägyptologie.

Karl Jansen-Winkeln studierte an der Universität Bonn Ägyptologie und Alte Geschichte, Semitistik und Allgemeine Sprachwissenschaft. Mit seiner 1985 publizierten Dissertationsschrift[1] war er bereits inmitten des Themas, das seither nicht aufgehört hat, ihn zu beschäftigen, für das er der Ägyptologie große Mengen neuen Quellenmaterials zugänglich gemacht und für dessen Verständnis er neue Maßstäbe gesetzt hat: die hieroglyphischen Inschriften des 1. Jahrtausends v.Chr.

Es ist die in der ägyptologischen Terminologie historischer Epochenbegriffe etwas abschätzig als „Spätzeit" bezeichnete Periode, in der Ägypten unter der wechselnden Regentschaft libyscher, nubischer, assyrischer, persischer, schließlich makedonischer Herrscher stand, während welcher es intensiver als schon zuvor im Austausch mit Sprachen, Kulturen und Traditionen des westlichen und südlichen Afrikas, des Nahen und Mittleren Ostens und der Ägäis stand und zugleich mit seinen eigenen Traditionen stärker denn je in den Mittelmeerraum ausstrahlte. Dieses historische Areal hat Karl Jansen-Winkeln namentlich in dem Quellentyp, in dem es ohne Unterbrechung bezeugt ist – in den hieroglyphischen Inschriften privater und königlicher Akteure – systematisch neu vermessen und neu erschlossen. Rückblickend stellt sich sein Wirken wie geleitet von einer einzigen, groß angelegten Forschungsagenda dar.

In den Jahren zwischen Promotion und Habilitation legte Karl Jansen-Winkeln als Habilitations- und Heisenberg-Stipendiat der *Deutschen Forschungsgemeinschaft* das Fundament zu seiner künftiger Editionsarbeit, als er erstmals die Sprache der

1 Karl Jansen-Winkeln, *Ägyptische Biographien der 22. und 23. Dynastie* (Ägypten und Altes Testament 8), Wiesbaden 1985.

https://doi.org/10.1515/9783111557038-202

„Spätzeit“-Inschriften umfassend beschrieb.[2] Damit sicherte er das philologische Textverständnis des Editors durch die Kontextualisierung der Text-Grammatik im sprachlichen System und seinen diachronen Veränderungen linguistisch ab und leistete zugleich einen wesentlichen Beitrag zum Verständnis der Diglossie der ägyptischen Sprache und ihres hieroglyphischen Schriftregisters im 1. Jahrtausend v.Chr.

Im Jahr 2001 – Karl Jansen-Winkeln hat inzwischen sein viertes und fünftes Buch vorgelegt –[3] fällt die Anerkennung des bereits Geleisteten in der Ernennung zum außerplanmäßigen Professor der Freien Universität zusammen mit dem Auftrag zu künftigen Leistungen im Start des immensen, von der *Deutschen Forschungsgemeinschaft* über eine Laufzeit von zwölf Jahren bewilligten Projekts „Umfassende Sammlung und Veröffentlichung der Texte der Spätzeit“. Dieses Musterunternehmen ägyptologischer Grundlagenforschung, das sich dem Arbeitselan, der Methoden- und Sachkompetenz, der Selbstorganisation und der ungestörten Muße eines einzigen Wissenschaftlers verdankt, manifestiert sich heute in fünf (oder, zählt man die Zweiteiler einzeln, sieben) Bänden, in denen das Corpus ägyptischer Inschriften der 21. bis „31.“ Dynastie gemäß dem Projektversprechen umfassend in chronologischer Segmentierung gesammelt und ediert ist.[4]

Die Forschungsagenda Karl Jansen-Winkelns wirkt auch darin groß angelegt, dass nach der sprachlichen Grundlegung und philologischen Ausarbeitung der Texteditionen dieses historischen Quellencorpus’ nun auch der nächste Schritt – seine historische Auswertung – vollzogen wird: Seit 2013 arbeitet Karl Jansen-Winkeln an seinem von der *Deutschen Forschungsgemeinschaft* finanzierten Synthese-Projekt „Handbuch zur Geschichte der ägyptischen Spätzeit (21.–30. Dynas-

2 Karl Jansen-Winkeln legte seine Habilitationsschrift *Text und Sprache in der 3. Zwischenzeit. Vorarbeiten zu einer Grammatik des Mittelägyptischen der Spätzeit* (Ägypten und Altes Testament 26) 1994 vor. Zwei Jahre später erschien Karl Jansen-Winkeln, *Spätmittelägyptische Grammatik* (Ägypten und Altes Testament 34), Wiesbaden 1996.

3 Karl Jansen-Winkeln, *Sentenzen und Maximen in den Privatinschriften der ägyptischen Spätzeit*, Berlin 1999; *Biographische und religiöse Inschriften der Spätzeit aus dem Ägyptischen Museum Kairo* (Ägypten und Altes Testament 45), Wiesbaden 2001.

4 *Inschriften der Spätzeit*, Teil I: *Die 21. Dynastie*, Wiesbaden 2007 (Neuauflage 2016); *Inschriften der Spätzeit*, Teil II: *Die 22.–24. Dynastie*, Wiesbaden 2007 (Neuauflage 2016); *Inschriften der Spätzeit*, Teil III: *Die 25. Dynastie*, Wiesbaden 2009 (Neuauflage 2021); *Inschriften der Spätzeit*, Teil IV: *Die 26. Dynastie*, Bd. 1: *Psametik I. – Psametik III.*, Bd. 2: *Gottesgemahlinnen / 26. Dynastie insgesamt*, Wiesbaden 2014; *Inschriften der Spätzeit*, Teil V: *Die 27.–30. Dynastie und die Argeadenzeit*, Bd. 1: *Kambyses – Tachos*, Bd. 2: *Nektanebos II. – 4. Jh. insgesamt*, Wiesbaden 2023.

tie)“ und macht damit seine Editionsarbeit für die altgeschichtliche Forschung weit über die Ägyptologie hinaus fruchtbar.[5]

Dieser eminente Ägyptologe unserer Zeit beging 2020 seinen 65. Geburtstag. Ein im April des „Jahres der Seuche“ von einem internationalen Organisationsteam geplantes akademisches Fest zu seinen Ehren fiel sang- und klanglos dem Lockdown zum Opfer.[6] Dass Karl Jansen-Winkeln im Herbst desselben Jahres dann doch noch zur Hauptperson einer, wenn nicht ihm, so doch seinem Ahnen im Geiste[7] gewidmeten akademischen Festveranstaltung geworden ist, lässt diese Wahl in der Rückschau doppelt glücklich erscheinen.

„Die Namen der Ägypter“, das Thema der Erman-Vorlesung 2020, steht in der Mitte zwischen philologischem Editionsgeschäft und historischem Metier, beginnt doch alle Geschichtsschreibung mit der Nennung historischer Akteure – der großen ebenso wie der kleinen – bei ihren Namen!

Berlin im Sommer 2024

Tonio Sebastian Richter & Daniel A. Werning

5 Bleibende Zeugnisse für den Transfer ägyptologischer Forschung in weitläufige Bezirke der althistorischen Forschung sind Jansen-Winkelns mehr als achtzig Lexikoneinträge in der altertumswissenschaftlichen Enzyklopädie *Der Neue Pauly. Reallexikon der Antike* und seine zehn profunden Artikel in dem frei zugänglichen Online-Angebot *Wissenschaftliches Bibellexikon* (WiBiLex, https://www.die-bibel.de/ressourcen/wibilex [zuletzt aufgerufen am 31.07.2024]). Überdies war Jansen-Winkeln von 1996 bis 2012 Mitherausgeber der Zeitschrift *Altorientalische Forschungen* und ist seit 2006 Mitherausgeber des *Journal of Egyptian History*.

6 Glücklicherweise materialisiert sich diese Ehrung in dem von Protagonisten der Festveranstaltung herausgegebenen Band: Shih-Wei Hsu, Vincent Pierre-Michel Laisney und Jan Moje (Hgg.), *Ein Kundiger, der in die Gottesworte eingedrungen ist. Festschrift für den Ägyptologen Karl Jansen-Winkeln zum 65. Geburtstag* (Ägypten und Altes Testament 99), Münster 2020.

7 Adolf Erman, der Entdecker des Sprachwandels und der Diglossie des Ägyptischen, hat mit seiner *Neuägyptischen Grammatik* (1880) auch das Genre ägyptischer Sprachstufen-Grammatiken eröffnet, zu welchem Karl Jansen-Winkeln mit seinen Arbeiten zum Spätmittelägyptischen einen der wenigen ganz und gar originalen Beiträge geleistet hat.

Inhalt

Vorbemerkung

Namen und namenkundliche Probleme sind bekanntlich ein weites Feld, und das gilt auch für die Personennamen (Anthroponyme) im alten Ägypten[1]. Im Folgenden wird es daher nur um einige ausgewählte Themen gehen, und zwar weitgehend beschränkt auf die *nichtköniglichen* Namen[2]. Behandelt werden zum einen die wichtigsten Eigenschaften ägyptischer Personennamen, zum anderen soll untersucht werden, was uns die Namen, abgesehen von ihrer eigentlichen Funktion der Unterscheidung verschiedener Personen, für bestimmte Aspekte der Denkmäler, der ägyptischen Sprache, Geschichte und Religion lehren können.

---

1 Es werden folgende Abkürzungen verwendet: Ranke, PN: H. Ranke, Die Ägyptischen Personennamen, I: Verzeichnis der Namen, Glückstadt 1935; II: Einleitung. Form und Inhalt der Namen. Geschichte der Namen. Vergleiche mit anderen Namen. Nachträge und Zusätze zu Band I. Umschreibungslisten, Glückstadt 1952; III: Verzeichnis der Bestandteile, Glückstadt 1977; Scheele-Schweitzer, Die Personennamen: K. Scheele-Schweitzer, Die Personennamen des Alten Reiches, Philippika 28, 2014; de Meulenaere, Surnom: H. de Meulenaere, Le surnom égyptien à la Basse Epoque, Istanbul 1966.

2 Die ägyptischen Königsnamen sind ein Gebiet für sich, zudem ist nur der letzte der fünf kanonischen Königsnamen der bei der Geburt erhaltene Name, die ersten vier dagegen werden beim Antritt der Herrschaft vergeben und spiegeln ideologische Vorstellungen.

https://doi.org/10.1515/9783111557038-001

1 Eigenschaften altägyptischer Personennamen

1.1 Identifizierung

Der Sinn eines Namens ist zunächst die Identifizierung einer Person. Da aber im alten Ägypten jede Person im Allgemeinen nur einen Namen trug, wurden zur genaueren Unterscheidung oft zusätzlich Titel und/oder Filiation[3] angegeben. Sofern Ort, Zeit und Milieu begrenzt waren, wird meist der Haupttitel bzw. Beruf eine ausreichende Identifizierung gewesen sein, im Zweifelsfall zusätzlich mit Angabe der Filiation. Diese Filiation ist dann, wenn man so will, der „Familienname". In juristischen Privatdokumenten wie Verträgen können, offenbar aus Gründen der Rechtssicherheit, Vater und Mutter der Vertragspartner angeführt werden[4]. Auf öffentlich zugänglichen Denkmälern überwiegt die Angabe der väterlichen Abstammung, da der Sohn sein Amt oder doch seinen Beruf meist dem Vater verdankte. Sofern also der Sohn, wie häufig, dasselbe Amt ausübte wie sein Vater, konnte die väterliche Filiation zugleich eine Dokumentation der Ansprüche der Familie auf dieses Amt sein, zumal auf dauerhaften Denkmälern wie Grabkapellen, Statuen oder Stelen aus Stein. Besonders die nach dem Neuen Reich aufkommenden ausführlichen Genealogien (s.u., Abb. 1) und Titelreihen dienen offensichtlich diesem Zweck[5]: die Dignität der Familie und ihre Berechtigung, bestimmte Ämter auszuüben und die entsprechenden Einkünfte zu haben, soll in Stein gemeißelt auf ewig dokumentiert sein. Dagegen wird in (öffentlich nicht zugänglichen) funerären Kontexten[6] und in magischen Texten häufig (und z.T. ausschließlich) die mütter-

3 Die übliche Angabe einer Filiation hat die Form A, Sohn des B (A zꜣ B), im späten Alten Reich und im Mittleren Reich aber oft auch B's Sohn A, s. E. Edel, Altägyptische Grammatik, AnOr 34/39, 1955/64, § 307; mit Nachtrag S. LXVI.

4 Vgl. etwa C. Andrews, Catalogue of Demotic Papyri in the British Museum, 4: Ptolemaic Legal Texts from the Theban Area, London 1990, 17/18. 22/23. 25. 28. 31. 35 etc. In den Zeugenlisten wird aber jeweils nur der Vater angegeben.

5 Das wird im Papyrus Rylands 9 (XIII,18. XVIII,15–22) sehr deutlich, vgl. G. Vittmann, Der demotische Papyrus Rylands 9, ÄAT 38, 1998, 63. 87–89. 160–161. 178–181.

6 Besonders deutliche Beispiele sind die „Jenseitsdekrete" für Neschons, Tochter des Hohenpriesters und Regenten Smendes II. und seiner (Neben-?)Frau Tahentthot und für Pajnedjem II., Sohn des Hohenpriesters und Königs Mencheperre und seiner Frau Isetemcheb C, s. Gunn/Edwards, JEA 41, 1955, 83–105. Taf. XX; W. Golenischeff, Papyrus hiératiques, CG, Kairo 1927, 169–209. Taf. 30–34. In diesen ausführlichen Dekreten aus der 21. Dynastie wird immer nur die Abstammung von den Müttern angeführt, die sehr viel prominenteren Väter, die Regenten Oberägyptens, werden nicht erwähnt. Auch auf den Grabsteinen des Mittleren Reiches wird in den Filiationen meist nur die

https://doi.org/10.1515/9783111557038-002

liche Filiation angeführt. Der Grund dafür ist vermutlich, dass man in den Texten, die das Weiterleben im Jenseits oder magischen Schutz garantieren sollten, die unanfechtbar sichere Abstammung angeben wollte.

Um gleichnamige Personen (v.a. Angehörige) zu unterscheiden, kann man dem Namen noch *nḏs* oder *nḫn* („der Kleine", im Sinne von „der Jüngere") bzw. *wr* („der Große, Ältere", seltener auch *ꜥꜣ*) hinzufügen.[7]

Der Name als Ausdruck der Identität ist nahe verwandt mit einem Wesensmerkmal, das ebenfalls für das personale Selbst steht: dem Ka[8]. Tatsächlich wird das Wort *kꜣ* ab der Dritten Zwischenzeit sogar in der Bedeutung von „Namen" verwendet. Zumindest zwei Belege aus der 22. Dynastie sind unzweideutig: „Ruft doch meinen Ka unter den Begünstigten des Amun" und „(meine Tochter), deren *Ka Tꜣ-šrjt-n-Mwt* lautet"[9]. In den (sehr viel häufigeren) Belegen aus ptolemäischer und römischer Zeit wird *kꜣ* in dieser Bedeutung auch öfter mit der Kartusche determiniert (𓂓𓍷). Der Ka als „Name" scheint jedenfalls eine Sonderentwicklung innerhalb der älteren Sprachstufe zu sein; im ‚zweisprachigen' Totenpapyrus Rhind (I,6,12) aus ptolemäischer Zeit wird die Bedeutung „Namen" durch ‚mittelägyptisches' *kꜣ*[10] und demotisches *rn* wiedergegeben, umgekehrt die althergebrachte Formel „für den Ka des NN" durch ‚mittelägyptisches' *n kꜣ n NN* und demotisch durch *n pꜣ rn n NN*[11]. Dieses eigentliche ägyptische Wort für „Name", das seit der ältesten Zeit bezeugte *rn*, bleibt jedenfalls in der lebenden Sprache bis ins Koptische (ⲣⲁⲛ, ⲣⲉⲛ etc.) der übliche Ausdruck für die Benennung von Menschen (einschließlich der Könige), Göttern, Tieren und Dingen[12].

Mutter genannt, s. D. Franke, Altägyptische Verwandtschaftsbezeichnungen im Mittleren Reich, Hamburg 1983, 317. 329; LÄ IV, 256, s.v. Mutter.

7 Vgl. ausführlich Ranke, PN, II, 10–12.

8 Zu *kꜣ* und *rn* vgl. A. Bolshakov, Man and his Double in Egyptian Ideology of the Old Kingdom, ÄAT 37, 1997, 154–157.

9 Würfelhocker Kairo CG 42254 aus der Zeit des Königs Harsiese, s. Jansen-Winkeln, RdE 55, 2004, 54–55 (d,4); Stelophor Kairo CG 42208, s. K. Jansen-Winkeln, Ägyptische Biographien der 22. und 23. Dynastie, ÄAT 8, 1985, 48, 455 (c,10).

10 G. Möller, Die beiden Totenpapyrus Rhind des Museum zu Edinburg, Leipzig 1913, 22/23 (Nr. 1, IV,2: *ndb.n.j kꜣ.k vs. stm.j pꜣj.k rn* „ich hörte deinen Namen"); 24/25 (Nr. 1, IV,6: *njs.j n kꜣ.k vs. ꜥš.j r rn.k* „ich rufe deinen Namen"); 52/53 (Nr. 2, I,3: *kꜣ.s pw NN vs. pꜣj.s rn NN* „ihr Name war NN").

11 Möller, op.cit., 42/43 (Nr. 1, IX,10: *n kꜣ n NN vs. n pꜣ rn n NN* „für den Ka/Namen des NN"); 68/69 (Nr. 2, IX,7: *n kꜣ n NN vs. [n] pꜣ rn n NN* „für den Ka/Namen der NN"); zum Thema Ka und Namen s.a. unten, 2.4.5.

12 Als ‚unveräußerlicher Besitz' behält das Wort im Übrigen bis ins Koptische den status pronominalis; der ‚Besitzer' des Namens wird, wie Körperteile, durch Suffixe bezeichnet, vgl. W. Till, Koptische Grammatik (Saïdischer Dialekt), Leipzig 1970, § 188; B. Layton, A Coptic Grammar, Sahidic Dialect, Wiesbaden 2000, § 138; B. Layton, Coptic in 20 Lessons, Löwen 2007, 54–56.

1.2 Mehrnamigkeit

Jeder Ägypter hatte mindestens (und meistens nur) einen Namen. In bestimmten Epochen sind aber auch Personen mit zwei Namen nicht selten. Im Alten Reich findet man bei derselben Person zuweilen einen „großen" und einen „schönen" Namen (*rn ꜥꜣ* und *rn nfr*, letzterer selten auch als *rn nḏs* kleiner Name bezeichnet), wobei der „große Name" in der Regel der Geburtsname ist, der „schöne Name" oft eine Verkürzung des Geburtsnamens, manchmal auch ein Spitzname. Bei höheren Funktionären kann dazu auch noch ein basilophorer „Staatsname"[13] kommen. Im Mittleren Reich verschwindet der „Schöne Name" allmählich[14], ein auch im Mittleren Reich nicht seltener Beiname wird dann häufiger durch *ḏdw n.f* „genannt" eingeführt[15]. Im Neuen Reich gibt es dann gar keine „Schönen Namen" mehr, die eher seltenen Beinamen werden ebenfalls durch *ḏdw n.f* bzw. *ḏd.tw n.f* gekennzeichnet.

Ganz ähnlich ist es grundsätzlich noch in der Dritten Zwischenzeit, aber erste Belege für den „Schönen Namen" erscheinen jetzt wieder[16]. Dass man allerdings in Ägypten mit dieser Wiederaufnahme der „Schönen Namen" „a tenté d'affirmer son indépendance vis-à-vis des envahisseurs étrangers", scheint doch etwas weit hergeholt[17]. In der 26. Dynastie ist der „schöne Name" dann sehr häufig, und ganz überwiegend ist er ein basilophorer Beiname[18]. Dieser Beiname wird in der Regel als *rn nfr* bezeichnet, zuweilen aber auch (in offenbar derselben Funktion)[19] als *rn ꜥꜣ*: beide Bezeichnungen können bei Namen derselben Person variieren[20].

13 Zu den verschiedenen Namen im Alten Reich s. Junker, Die Stele des Hofarztes *Irj*, ZÄS 63, 1928, 59–64; Scheele-Schweitzer, Personennamen, 20–22.

14 S. P. Vernus, Le surnom au Moyen Empire, Studia Pohl 13, 1986, 80–81.

15 Vernus, Le surnom au Moyen Empire, 82–85.

16 M. Becker, Identität und Krise, BSAK 13, 2012, 165–167; 326. Der früheste Beleg ist offenbar der „schöne Name" des prominenten 4. Amunpropheten *Nḫt.f-Mwt* A. Meist heißt er nur *Nḫt.f-Mwt* (gegen de Meulenaere, Surnom, 25), manchmal auch ausführlicher *Ḏd-Ḏḥwtj-jw.f-ꜥnḫ*, genannt (*ḏd.tw n.f*) *Nḫt.f-Mw*t, s. K. Jansen-Winkeln, Inschriften der Spätzeit, II, 142–151). Auf einer Statue (Kairo CG 42209, s. Jansen-Winkeln, Inschriften der Spätzeit, 147 [18.81]) wird allerdings gerade *Ḏd-Ḏḥwtj-jw.f-ꜥnḫ* als „schöner Name" bezeichnet.

17 So H. de Meulenaere, Surnom, 24. Es wäre zumal bei *Nḫt.f-Mwt A* unwahrscheinlich: seine Familie verdankte ihre Prominenz in erster Linie der Heiratsverbindung mit der libyschen Königsfamilie: seine Mutter war eine Enkelin Schoschenks I.

18 De Meulenaere, Surnom, passim; Jansen-Winkeln, Inschriften der Spätzeit, IV, 1200–1262.

19 Auch der *rn ꜥꜣ* ist in der 26. Dynastie in der Regel basilophor, vgl. de Meulenaere, OLZ 12, 1981, 129 (80); 131 (88–89). Die Bedeutung dieser Bezeichnungen ist also eine andere als im Alten Reich.

20 Der Beiname *Ḫnm-jb-Rꜥ-mn* des *Hnꜣt* ist *rn nfr* (Jansen-Winkeln, op.cit., 57.245) oder *rn ꜥꜣ* (Jansen-Winkeln, op.cit., 57.204).

Verkürzungen und sonstige Veränderungen von Namen (z.B. durch Anhängen von Endungen) sind nicht nur heutzutage sehr häufig, sondern auch schon in Ägypten, oft in einer Weise, dass der zugrundeliegende ,Vollname' nicht mehr erkennbar ist. Ranke unterscheidet zwischen Kurznamen[21] und Kosenamen mit speziellen Endungen[22], die aber sehr oft gleichfalls verkürzt sind. Ist der abgekürzte oder sonst wie veränderte Ausgangsname, wie häufig, nicht mehr erkennbar, kann die Entsprechung manchmal dadurch nachgewiesen werden, dass ein und dieselbe Person teils mit Vollnamen und teils mit Kurznamen erwähnt wird. So lässt sich etwa der Name. *Ḥwj* () als Verkürzung von *Jmn-ḥtp* erweisen oder *Mḥ* () als Kurzform von *Jmn-m-ḥꜣb*[23].

1.3 Sprachliche Form

Sprachlich kann man grundsätzlich zwei Namensbildungen unterscheiden: Wortnamen und Satznamen. Wortnamen können einfache Substantive sein, etwa ein Gottesname wie „Horus", Bezeichnungen wie *wr* „der Große" oder *nfr.t* „die Schöne", oder auch komplexere Nominalphrasen wie „Der mein Herz erfreut" (*snḏm-jb.j*) oder „Der Herr der Maat" (*nb-n-mꜣꜥt*). Satznamen sind z.B. so häufige Namen wie *Ptḥ-ḥtp(w)* „Ptah ist zufrieden" oder *Jmn-m-Jpt* „Amun ist in Luxor", mit Pseudopartizip bzw. Präpositionalphrase als adverbiale Prädikate, oder ein Nominalsatz wie *nb.j pw Ptḥ* „Mein Herr ist Ptah". In Personennamen sind grundsätzlich alle Satzarten möglich[24], allerdings sind nicht zu allen Zeiten alle Satztypen gleich gebräuchlich. Zur besonderen Form der Nominalsätze s.u., 2.2.3.

Die sprachliche Form der Namen und ihre Bedeutungstypen (s.u., 1.5) entsprechen sich bis zu einem gewissen Grade: die profanen Namen sind überwiegend Wortnamen, die Ka-Namen sowie die basilophoren und theophoren Namen überwiegend Satznamen. Die Kurz- und Kosenamen müssen unter grammatischen Gesichtspunkten natürlich als Wortnamen klassifiziert werden, gleichgültig, ob sie noch verständlich sind oder nicht.

21 PN, II, 95–128; vgl. auch Scheele-Schweitzer, Personennamen, 70–71. 72–75.

22 PN, II, 128–171; vgl. auch Scheele-Schweitzer, Personennamen, 75–83.

23 Ranke, PN, II, 127.

24 Ranke, PN, II, 30–85; Vernus, in: LÄ IV, 333–334, s.v. Namensbildung; Scheele-Schweitzer, Personennamen, 59–70.

1.4 Namengebung

Die Namengebung erfolgte wohl im Allgemeinen bei der Geburt[25]. Es gibt dafür zwar, wie zu erwarten, keine unmittelbaren Zeugnisse, man kann allenfalls Erzählungen aus der Götterwelt anführen[26], aber die sollten eigentlich die Verhältnisse in der Menschenwelt spiegeln. Zudem liegt es a priori nahe, dass Kinder kurz nach der Geburt einen Namen erhalten. Wie Ranke gezeigt hat, lassen sich viele Namen als auf die Geburtssituation bezogen verstehen[27], z.B. „ein Sohn ist gekommen" (*zꜣ-jwjw*) bzw. „eine Tochter ist gekommen" (*zꜣt-jwj.tj*)[28], ebenso viele Ausrufe u.ä. Die sehr häufigen Festnamen wie „Amun ist im Hof" (*Jmn-m-wsḫt*) oder „Amun ist im Fest" (*Jmn-m-ḥꜣb*) könnten bedeuten, dass das Kind während dieses Festes geboren wurde, und ein Namenstyp wie *Ḏd-Ḫnzw-jw.f-ꜥnḫ* „Chons hat gesagt, er wird leben" dürfte auf ein Orakel über das Leben des Kindes zurückgehen. Dies alles gilt aber selbstverständlich nur für die Entstehung solcher Namen, einmal geprägt können sie natürlich auch in einer Familie zur Tradition werden.

In der Literatur findet sich manchmal die Angabe, dass es die Mutter war, die dem Kind den Namen gab[29], und tatsächlich wird das auch in einigen mythologischen Texten so gesagt[30], und es gibt auch den Ausdruck *rn n mwt.f,* also etwa „der Name von seiner Mutter her"[31]. Dennoch wird sicher oft auch die (väterliche) Familientradition entscheidend gewesen sein, ebenso das berufliche Milieu. Auf dem Dach des Chonstempels in Karnak finden sich z.B. hunderte Graffiti von Priestern des Chons[32], und deren Namen sind ganz besonders häufig mit dem Namen dieses Gottes gebildet[33].

---

25 H. Ranke, Grundsätzliches zum Verständnis der ägyptischen Personennamen in Satzform, SHAW 1937, 1–34; Ranke, PN, II, 2–3; Vernus, in: LÄ IV, 326–327, s.v. Namengebung; Scheele-Schweitzer, Personennamen, 19–20.

26 Ranke, Grundsätzliches, 10–12.

27 Ranke, Grundsätzliches, 15–24.

28 Ranke, PN, I, 280,15. 285,19. Auch der Name der berühmten Nofretete (*Nfrt-jj.tj*) „die Schöne (oder eine Schöne) ist gekommen" dürfte sich viel eher auf ihre Geburt beziehen als auf eine angebliche Herkunft aus dem Ausland.

29 Ranke, Grundsätzliches, 24; Vernus, in: LÄ IV, 326–327, s.v. Namengebung.

30 S. Posener, RdE 22, 1970, 204–205.

31 K.A. Kitchen, Ramesside Inscriptions, III, Oxford 1980, 336,4–5 (als Bezeichnung des eigentlichen Namens *Zꜣ-mwt* gegenüber dem Rufnamen *Kjkj*); Jansen-Winkeln, Inschriften der Spätzeit IV, 340 (55.112: der Hauptname *Ḥrbs* gegenüber dem ‚schönen Namen' *Psmṯk-nfr*); Jansen-Winkeln, Inschriften der Spätzeit IV, 506 (57.217: hier aber ein Beiname *ꜥꜣ-pḥtj*[?] gegenüber dem Hauptnamen *Ḥr-ꜣḫbjt*).

32 H. Jacquet-Gordon, The Graffiti on the Khonsu Temple Roof at Karnak, a Manifestation of Personal Piety, OIP 123, 2003.

33 Jacquet-Gordon, The Graffiti on the Khonsu Temple Roof, 116–118.

1.5 Bedeutung

Die Bedeutung der ägyptischen Namen ist in den meisten Fällen durchsichtig und erkennbar, und das ist bemerkenswert. Zumindest heutzutage es ist durchaus nicht selbstverständlich, dass der normale Sprecher einer Sprache die Bedeutung von Personennamen versteht: Im Deutschen und anderen europäischen Sprachen ist das keineswegs so, und das gilt nicht nur für die zahlreichen Namen aus dem Griechischen, Lateinischen oder Hebräischen. Auch die Namen germanischen Ursprungs sind in der Regel Wörter und Bildungen, die es in den modernen Sprachen nicht mehr gibt. Ohne große Übertreibung kann man sagen, dass in Europa die Bedeutungen der Personennamen in ihrer Mehrzahl für den normalen (nicht sprachwissenschaftlich beschlagenen) Benutzer nicht mehr verständlich sind. Allerdings sind auch im Ägyptischen die verkürzten Namen oft dann unverständlich, wenn man sie nicht systematisch von vollständigen Namen ableiten kann[34].

Scheele-Schweitzer hat die ägyptischen Namen gemäß ihrer Bedeutung in vier Gruppen eingeteilt: 1. Profane Namen, 2. mit *kꜣ* gebildete Namen, 3. theophore und 4. basilophore Namen[35]. Ähnlich machte es auch Ranke, nur dass er theophore und basilophore Namen als „Namen religiösen Inhalts“ zusammengefasst hatte[36]. P. Vernus unterscheidet drei semantische Typen[37]: basilophore und theophore Namen, sowie Namen, die zu keiner dieser beiden Kategorien gehören (das sind die „profanen Namen“ bei Ranke und Scheele-Schweitzer), ähnlich auch G. Vittmann[38].

Die „profanen Namen“ sind ganz überwiegend Wortnamen und können ihren Träger ganz verschiedenen Bereichen zuordnen, etwa als Berufsnamen, z.B. „Schreiber“ (*zš*), „Zimmermann“ (*mḏḥw*), „der Priester“ (*Pꜣ-ḥm-nṯr*), als Namen, die den Rang ausdrücken, z.B. „der Würdenträger“ (*Srjw*) oder die Herkunft oder Abstammung, z.B. „der Nubier“ (*Pꜣ-nḥsj*), „der Syrer“ (*Pꜣ-ḫꜣrw*), „Asiat“ (*ꜥꜣmw*). Auch Geschlecht (*jdw* „der Junge“, *jdwt* „das Mädchen“[39]) oder Verwandtschaft (der

---

34 Vgl. etwa Quack, You don’t mess with the gods. Zu einigen Namensbildungen besonders der Dritten Zwischenzeit, in: F. Coppens u.a. (Hgg.), Knowledge and Memory. Festschrift in honour of Ladislav Bareš, Prag 2022, 445–446; Collombert, Qui sont-‚ils’? L’enfant nouveau-né comme enjeu divin à la lumière de certains anthroponymes d’époque tardive, in: R. Meffre / F. Payraudeau, Éclats du crépuscule. Recueil d’études sur l’Égypte tardive offert à Olivier Perdu, 179–180. 188.

35 Scheele-Schweitzer, Personennamen, 85–118.

36 Ranke, PN, II, 173–227.

37 LÄ IV, 335.

38 Vittmann, Personal Names, Structures and Patterns, in: UCLA Encyclopedia of Egyptology, 2013.

39 Scheele-Schweitzer, Personennamen, 281–282 (609). 283 (616).

Bruder, die Schwester etc.[40]) können als Namen verwendet werden, ebenso persönliche Eigenschaften oder Merkmale[41], Pflanzen[42] und Tiere[43].

Bei vielen dieser Namen wird man sich gut vorstellen können, dass sie bei der Geburt vergeben wurden, z.B. „die Süße“ (*bnjt*), „der/die Schwarze“ (*km(t)*), „der Zwerg“ (*pꜣ-nmw*)[44], bei Tiernamen wie „Maus“ (*pnw*), „Kaulquappe“ (*ḥfnr*) oder „Meerkatze“ (*gjf*)[45], weniger aber bei Personenbezeichnungen wie „der Alte“ (*jꜣw*), „die Kinderreiche“ (*ꜥšꜣt-šrjw*)[46], „der Flüchtling“ (*pꜣ wꜥr*), „der/die Kahle“ (*jꜣz(t)*), bei Berufsbezeichnungen wie „der Truppenoberst“ (*pꜣ ḥrj-pḏt*) und „der Harimsvorsteher“ (*mr ḫnrt*)[47] oder bei Tiernamen wie „die Schlange“ (*pꜣ ḥfꜣw*), „Krokodil“ (*mzḥ*) oder „Nilpferd“ (*db(t)*)[48]. Diese letzteren Namen sollten eher schon erwachsenen Personen beigelegt worden sein, sie sind vermutlich oft in spezifischen Situationen entstanden. Tatsächlich waren auch viele derartiger „profaner“ Namen nachweislich Beinamen[49]. Denkbar ist allerdings auch, dass ein Name, der für ein Kind eigentlich unpassend wäre, aber in der Familie vorhanden war, einfach weitergegeben wurde, z.B. an die Enkel. Zeitlich gehören die meisten profanen (Wort)Namen ins Alte und Mittlere Reich, im Neuen Reich und noch mehr danach werden sie sehr viel seltener.

Die Namen der anderen Bedeutungstypen sind überwiegend Namen in Satzform, die Aussagen über den Ka, einen Gott oder einen König machen Zu den basilophoren Namen s.u., 2.3.1, zu den theophoren 2.4.1–4, zu den Ka-Namen 2.4.5.

1.6 Männer und Frauen

Die Namen von Männern und Frauen haben in der Regel die gleichen Bildungsmuster. Sie können sich grammatisch unterscheiden z.B. *Nfr* und *Nfr.t* („der/die Schöne“), *Jmn-m-zꜣ.f* und *Jmn-m-zꜣ-s* („Amun ist sein/ihr Schutz“) oder *Ḏd-Ḫnzw-*

40 Ranke, PN, II, 176. Namen wie Sohn / Tochter des NN sind im Mittleren Reich nicht selten (loc. cit.) und dann wiederum in spätester Zeit, wo man sogar Namen wie „Sohn der Tochter des NN“ u.ä. hat, s. S. Vleeming, Demotic and Greek-Demotic Mummy Labels, Löwen 2011, B, 922–932 (§ 70).

41 Ranke, PN, II, 177–180

42 Ranke, PN, II, 180–182.

43 Ranke, PN, II, 182–185.

44 Ranke, PN, I, 97,17; I, 344,27; 345,20; II, 281,25.

45 Ranke, PN, I, 133,6; I, 239,13; I, 350,7.

46 Ranke, PN, I, 6,6; I, 71,19; II, 278,30; Scheele-Schweitzer, Personennamen, 208 (70). 208–209 (73).

47 Ranke, PN, I, 115,27; I, 25,20.

48 Ranke, PN, I, 115,14; I, 164,14; I, 399,8; 10.

49 Ranke, PN, II, 174–175.

jw.f-ꜥnḫ und *Ḏd-Ḫnzw-jw.s-ꜥnḫ* („Chons hat gesagt: er/sie wird leben"), sie können je nach Bildungstyp aber durchaus auch gleich sein: So können Namen wie *Jmn-ḥtp(w)* („Amun ist zufrieden"), die ja eine Aussage über Gott machen und sich nicht auf den Namensträger beziehen, grundsätzlich von Männern *und* Frauen getragen werden. Allerdings ist vieles durch Gewohnheit festgelegt: so wird ein Name wie *Ptḥ-ḥtp(w)* trotz seiner genus-neutralen Form ausschließlich von Männern getragen. In seltenen Fällen können von Frauen getragene genus-neutrale Namen durch sekundäres Anhängen einer Femininendung äußerlich zu Frauennamen gemacht werden[50], z.B. *Sbk-ḥtp(w)* als [illegible], sozusagen „die Sobekhotep".

Abgesehen von der grammatischen Bildungsweise gibt es aber oft auch inhaltliche Unterschiede: Bei den theophoren Namen können zwar Männer- wie Frauennamen prinzipiell mit Göttern *und* Göttinnen gebildet werden, tendenziell werden aber bei Jungen eher Götter gewählt, bei Mädchen eher Göttinnen. Das lässt sich für die Zeit nach dem Neuen Reich an einem Namensmuster deutlicher machen: Bei (Orakel-)Namen des Typs *Ḏd*-Gottheit-*jw.f/s-ꜥnḫ* kommen (männliche) Göttern ganz überwiegend bei Männernamen vor, mit nur wenigen Ausnahmen, bei Month (*Ḏd-Mnṯw-jw.s-ꜥnḫ*)[51], dem Nilgott (*Ḏd-Ḥꜥpj-jw.s-ꜥnḫ*)[52], Thot (*Ḏd-Ḏḥwtj-jw.s-ꜥnḫ*)[53] und Chons (*Ḏd-Ḫnzw-jw.s-ꜥnḫ*)[54]. Mit „großen" Göttinnen wie Bastet, Isis oder Mut kommen Männer- und Frauennamen dieses Typs gleichermaßen vor, mit „selteneren" Göttinnen scheinen oft nur Frauennamen gebildet zu sein[55]. Interessant ist auch die Verteilung der mit *N(j)-s(w/j)* „er/sie gehört (zu)" und der thebanischen Triade gebildeten (sehr häufigen) Namen: *Ns-Jmn* scheinen ausschließlich Männer zu heißen, *Ns-Mwt* (fast)[56] nur Frauen, *Ns-Ḫnzw* kommt bei beiden Geschlechtern vor.

Basilophore Namen allerdings sind ganz überwiegend auf Männer beschränkt, in der 26. und 27. Dynastie ausschließlich, im Alten und Mittleren Reich gibt es ganz gelegentlich basilophore Namen, die von Frauen getragen werden[57].

50 Ranke, PN, II, 5–6.

51 Ranke, PN, I, 411,4; daneben mindestens 27x *Ḏd-Mnṯw-jw.f-ꜥnḫ* bei Männern.

52 Jansen-Winkeln, Inschriften der Spätzeit, II, 531.

53 Jansen-Winkeln, Inschriften der Spätzeit, II, 532 (2x); daneben mindestens 22x *Ḏd-Ḏḥwtj-jw.f-ꜥnḫ*.

54 Jansen-Winkeln, Inschriften der Spätzeit, I, 285; II, 532; IV, 1262; daneben mindestens 78x *Ḏd-Ḫnzw-jw.f-ꜥnḫ*.

55 Z.B. *Ḏd-Nbt-jmꜣw-jw.s-ꜥnḫ* (Jansen-Winkeln, Inschriften der Spätzeit, IV, 1261), *Ḏd-Tꜣ-wrt-jw.s-ꜥnḫ* (Jansen-Winkeln, Inschriften der Spätzeit, IV, 1262), *Ḏd-Jmnt-jw.s-ꜥnḫ* (Jansen-Winkeln, Inschriften der Spätzeit, II, 530), *Ḏd-Mꜣꜥt-jw.s-ꜥnḫ* (Jansen-Winkeln, Inschriften der Spätzeit, I, 285), *Ḏd-Mḥyt-jw.s-ꜥnḫ* (Ranke, PN, I, 411,5), *Ḏd-Jn-nbw-jw.s-ꜥnḫ* (Ranke, PN, I, 410,3).

56 Ein männlicher *Ns-Mwt* scheint einmal im Papyrus Prachov (x+73, rto.4) vorzukommen (Mitteilung M. Römer).

57 Scheele-Schweitzer, Personennamen, 47; Ranke, PN, II,4 (vgl. Ranke, PN, I, 264,25, 279, 1, 4, 9, 318, 3, 5, 6).

1.7 Dauer und Wandel

Manche Namen sind vom Alten Reich bis in späteste Zeiten belegt und sogar durchgehend häufig, wie etwa der Name Ptahhotep. Das ist kein Wunder, da Ptah seit der Frühzeit der Stadtgott von Memphis war, und diese Stadt hatte während der gesamten pharaonischen Geschichte überragende Bedeutung. Dagegen werden Namen mit dem Gott Amun erst mit dem Mittleren Reich populär, als Amun größere Bedeutung erlangte. Die Dauer eines Namens hängt nicht zuletzt von der Prominenz des Herkunftsortes ab und, bei theophoren Namen, von der Popularität des Gottes, mit dem er gebildet ist.

Bestand und Häufigkeit der Namen waren natürlich ständig im Wandel, aber während sich dieser Wandel vom Alten bis zum Ende des Neuen Reiches eher langsam und allmählich vollzog, änderte sich die Namensgebung nach dem Ende des Neuen Reiches durchgreifend und z.um Teil sogar recht genau datierbar; gerade die besonders häufigen Namen der Spätzeit sind überwiegend Neubildungen, s. dazu unten, 2.1.

Insgesamt sind theophore Namen diejenigen mit der längsten Dauer: die profanen Namen sind weitgehend auf das Alte und Mittlere Reich beschränkt, auch die Ka-Namen werden ab dem Neuen Reich selten. Und basilophore Namen sind ohnehin an die Beliebtheit eines einzelnen Königs oder Könignamens gebunden.

1.8 Macht des Namens

Ein Personenname war in Ägypten nicht nur ein äußerliches Etikett, sondern untrennbar mit der Person verbunden, wie schon die Nähe zum Begriff des Ka zeigt[58]. So hängt das Fortleben einer Person auch vom Weiterleben des Namens ab: Ein Sprichwort sagt „Ein Mann lebt, wenn man seinen Namen ausspricht“ (*ꜥnḫ z dm.tw rn.f*)[59]. Daher ist es eine der häufigsten Bitten auf funerären Denkmälern, den Namen auszusprechen. Und wenn der Sohn seinem Vater eine Statue weiht, wie das sehr oft vorkommt, lautet die Standardformel *jrj.n zꜣ.f r sꜥnḫ rn.f* „gemacht von seinem Sohn, um seinen Namen am Leben zu halten“. Umgekehrt tilgt man die Namen missliebiger Personen auf Denkmälern, um die Erinnerung an sie auszulöschen[60]. Das ist nicht nur für Könige (z.B. für Hatschepsut oder die nubi-

58 Und dafür spricht auch die Beibehaltung des status pronominalis beim Wortes *rn* „Name“, s.o., n. 12.

59 K. Jansen-Winkeln, Sentenzen und Maximen, Berlin 1999, 48–50 (mit Variationen).

60 E. Brunner-Traut, in: LÄ IV, 338–341, s.v. Namenstilgung und -verfolgung. Ein interessanter Sonderfall aus der Nachamarnazeit betrifft die Tilgung eines Zweitnamens *Pꜣ-rn-nfr*, s. Kampp-

schen Könige der 25. Dynastie) gut bezeugt, sondern auch für Privatpersonen. Muss man eine verhasste Person dennoch nennen, lässt sich ihr Name verballhornen: So wird einer der Teilnehmer an dem Attentat auf Ramses III. als „Re hasst ihn" (*Msḏj-sw-Rꜥ*) erwähnt[61]; in Wirklichkeit dürfte er wohl „Re liebt ihn" (*Mrj-sw-Rꜥ*) geheißen haben.

Die Macht des Namens wird schließlich vielfältig in der religiösen Literatur deutlich: Dämonen und Wächter in der Unterwelt können dem Toten nicht mehr gefährlich werden, wenn er ihre Namen kennt. „Ich kenne dich, ich kenne deinen Namen", heißt es öfter im Totenbuch: Wer in der Unterwelt die Namen der Torwächter kennt, der darf passieren[62]. Die Ausdeutung von Namen und die Konstruktion von Beziehungen zwischen diesen Namen und Dingen oder Vorgängen im sakralen Bereich mithilfe etymologischer oder nur lautlicher Ähnlichkeiten ist seit den Pyramidentexten überaus beliebt[63]. Auch wenn solche ‚Wortspiele' in rituellen Texten sich meist auf die Namen von Göttern oder Königen beziehen, die Vorstellung, dass ein Name eben kein beliebiges Etikett zur bloßen Identifizierung ist, sondern etwas Wesentliches über seinen Träger aussagt, gilt sicher auch für Privatnamen.

Seyfried, Zur Verfemung des Namens *Pꜣ-rn-nfr*, in: H. Guksch / D. Polz (Hgg.), Stationen. Beiträge zur Kulturgeschichte Ägyptens, Rainer Stadelmann gewidmet, Mainz 1998, 303–319.

61 K.A. Kitchen, Ramesside Inscriptions, V, Oxford 1983, 352, 10. Vgl. auch Posener, Les criminels débaptisés et les morts sans noms, RdE 5, 1946, 51–56; L. Störk, Schandnamen, in: H.-E. Fischer-Elfert (Hg.), Studies on the Middle Kingdom in Memory of Detlef Franke, Wiesbaden 2013, 211–213.

62 Vgl. Tb 144 und 145 mit vielen entsprechenden Sätzen, s. E. Hornung, Das Totenbuch der Ägypter, Zürich 1979, 276–292.

63 H. Bonnet, Reallexikon der ägyptischen Religionsgeschichte, Berlin 1952, 502–503; Guglielmi, in: LÄ VI, 1287–1291, s.v. Wortspiel; S. Morenz, Wortspiele in Ägypten, in: S. Morenz, Religion und Geschichte des alten Ägypten, Weimar 1975, 328–342; sehr ausführlich bei J. Assmann, Ägypten, Theologie und Frömmigkeit einer frühen Hochkultur, Stuttgart 1984, 102–135.

2 Informationswert der Namen für die ägyptische Kultur

Nach diesen allgemeinen Bemerkungen nun zu dem, was uns Formen und Inhalte der Namen an weiteren Informationen zur ägyptischen Kultur geben können.

2.1 Klassifizierung von Denkmälern

Personennamen können als Hilfsmittel bei der Klassifizierung von Denkmälern durchaus von Bedeutung für Kulturgeschichte und Archäologie sein.

Namen sind oft typisch für bestimmte Regionen und damit womöglich ein Indiz für die Herkunft des Denkmals, auf dem sie sich befinden. Besonders aufschlussreich können dabei die theophoren Namen sein, zumal wenn es sich um einen Gott handelt, der nicht landesweit verehrt wird. Bei einem *Pꜣ-dj-Ḥrj-š.f* z.B. wird man sogleich an Herakleopolis denken[64], während Namen mit den Göttern Ptah oder Amun nicht notwendigerweise auf Memphis oder Theben verweisen. In jedem Fall können Namen (ebenso wie Titel) ein erster Anhaltspunkt sein, aber natürlich nicht mehr.

Weiter können Form und Bedeutung der Personennamen ein Hilfsmittel bei der Datierung sein. So gibt es etwa im Mittleren Reich Namen, die ihre Träger als Sohn oder Tochter einer Gottheit benennen. Das kann ein Datierungskriterium sein, denn im Alten Reich gibt es so etwas noch nicht (s.u., 2.4.1); Allerdings vollzieht sich der Wandel der Namen in der älteren Zeit im Allgemeinen eher langsam, und ihre Bildungsmuster sind meist auch wenig typisch für eine bestimmte Zeit. Das ändert sich deutlich nach Ende des Neuen Reiches: Es entstehen nun eine ganze Reihe von neuen Namen und Namenstypen. Tatsächlich sind die Neuerungen so markant und verbreiten sich so rasch, dass bald der gesamte Namensbestand durchgreifend verändert ist. Wichtig für Zwecke der Datierung ist jedenfalls, dass sich das erste Erscheinen der neuen Namenstypen oft ziemlich genau festlegen lässt. Dazu einige Beispiele[65]:

Ab der Mitte der 21. Dynastie sind drei überaus häufige und für die Spätzeit charakteristische Namensmuster bezeugt, die eine Person bezeichnen können

64 Vgl. etwa Vittmann, in: Sh.-W. Hsu u.a. (Hgg.), Ein Kundiger, der in die Gottesworte eingedrungen ist, Festschrift für den Ägyptologen Karl Jansen-Winkeln, ÄAT 99, 2020, 317.

65 S. zum Folgenden Jansen-Winkeln, Zum Wandel der Personennamen von der Ramessidenzeit zur Spätzeit, in: H. Franzmeier u.a. (Hgg.), Mit archäologischen Schichten Geschichte schreiben. Festschrift für Edgar B. Pusch, Hildesheim 2016, 192–196.

https://doi.org/10.1515/9783111557038-003

1. als Gabe einer Gottheit: Namen wie *Pꜣ-dj-Jmn* und *Tꜣ-dj-Mwt*, 2. als Sohn bzw. Tochter der Gottheit: Namen wie *Pꜣ-šrj-n-ꜣst* oder *Tꜣ-šrjt-n-Mwt*, oder 3. als Ergebnis eines Orakels: Namen wie *Ḏd-Ḫnzw-jw.f-ꜥnḫ* oder *Ḏd-Mwt-jw.s-ꜥnḫ*. Enthält ein Text einen dieser neuen Namensformen, sollte er aus der Zeit nach dem Neuen Reich stammen. Finden sich dagegen auf einem Denkmal mit mehreren Personennamen keiner dieser neuen Typen, ist das ein ziemlich sicheres Anzeichen dafür, dass dieses Denkmal noch in die Zeit vor der 21. Dynastie gehört.

Die folgenden Namensbildungen sind nicht ganz so häufig, aber ebenfalls gut datierbar:

Namen des Typs *Šp-n-Spdt* „Geschenk der Sothis" sind ab Osorkon II. in der mittleren 22. Dynastie bezeugt[66]; sie kommen zunächst nur bei Frauen vor, von der 26. Dynastie an selten auch bei Männern.

Ein reiner Frauenname ist dagegen die Bildung *Ṯz-Bꜣstt-prt*: Denn die Bedeutung von „(die Gottheit) möge Nachkommenschaft anknüpfen"[67] ist wohl der Wunsch, das Mädchen, das diesen Namen bekommt, möge später selbst Kinder haben.

Namen des Typs *Pꜣj.f-ṯꜣw-m-ꜥ(wj)-Bꜣstt* „sein Atem ist in den Händen der Bastet" scheinen zuerst in der zweiten Hälfte der 22. Dynastie aufzutreten, und auch die Namensform *Jmn-jrj-dj-s* „Amun ist es, der ihn/sie gegeben hat" kommt erst ab der späten 22./23. Dynastie vor. Bei diesem Namenstyp, der ab der 25. Dynastie häufiger wird, zeigt die grammatische Struktur, mit einem enklitischen Pronomen als Objekt des Infinitivs, dass er sehr jung ist. Erste Belege für diese Konstruktion gibt es außerhalb von Namen ebenfalls erst in der 22. Dynastie[68].

Es ist bemerkenswert, dass diese in der 22. Dynastie neu aufkommenden Namenstypen alle zuerst in der Königsfamilie belegt zu sein scheinen: *Šp-n-Spdt* heißen ab der mittleren 22. Dynastie eine Königin, Prinzessinnen und Königsenkelinnen[69], die erste Frau namens *Ṯz-Bꜣstt-prt* ist eine Tochter Osorkons II.[70], *Pꜣj.f-ṯꜣw-m-ꜥ(wj)-Bꜣstt* nennen sich der König von Herakleopolis[71] und ein Hoherpriester von

66 S. zu diesem Namenstyp jetzt auch Graefe, Ein Goldring und neuer Beleg für den Personennamen-Typus *Šb/p-n(j)*-[Gottesname] ‚Belohnung der Gottheit NN', in: Recueil d'études sur l'Égypte tardive offert à Olivier Perdu (s.o., n. 34), 231–245.

67 Alternativ könnte man das Verb präterital verstehen und somit auch diese Namen auf die Geburtssituation beziehen. Aber das würde nicht erklären, warum diese Namen auf Mädchen beschränkt sind.

68 S. Jansen-Winkeln, in: Festschrift Edgar B. Pusch, 196, n. 83.

69 S. die Liste von Graefe, in: Recueil d'études sur l'Égypte tardive offert à Olivier Perdu, 234–237, Nr. 5–7. 10 [= 6]. 11. 14. 16–17. 24. 26.

70 Jansen-Winkeln, Inschriften der Spätzeit, II, 186 (22.19, d–f,4; g,2); 222 (25.1–2); 262 (27.5, h,10–11).

71 Jansen-Winkeln, Inschriften der Spätzeit, II, 333–335.

Memphis, Nachkomme Osorkons II.[72], *Jmn-jrj-dj-s* heißt eine Gottesgemahlin und *Mwt-jrj-dj-s* eine Prinzessin[73].

Unter den häufigen Namenstypen der späteren Zeit findet sich auch ein sozusagen wiederbelebter: Namen wie *Ns-Ptḥ* bzw. *N(j)-s(w)-Pḥ* („Er/sie gehört Ptah") gibt es schon im Alten und im Mittleren Reich. Im Neuen Reich sind sie zunächst kaum noch vorhanden und kommen erst wieder in der späten 20. Dynastie in Gebrauch. Von der 21. Dynastie an sind sie dann sehr häufig und bleiben es bis in die Ptolemäerzeit.

Aber nicht nur Namen(stypen) können bei der Datierung helfen, sondern auch die Rekonstruktion von familiären Zusammenhängen. Da in Ägypten die Kinder häufig nach ihren Großeltern benannt wurden (die sog. Papponymie), sind die Namen manchmal ein erster Hinweis auf die Generation, in die eine Person einzuordnen ist (vgl. die Folge Hor – Neseramun in Abb. 1).

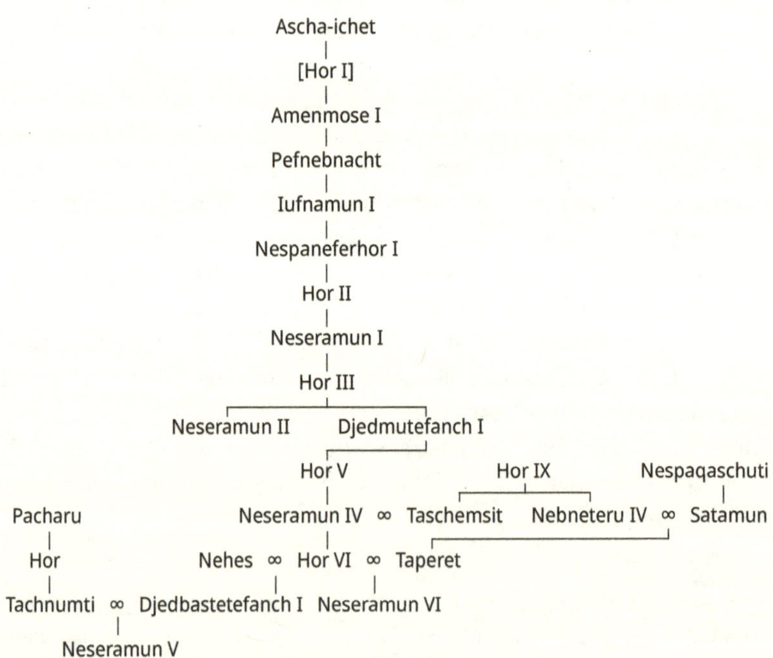

Abb. 1: Familienstammbaum der Statuen Kairo CG 42223 und 42224.

72 Jansen-Winkeln, Inschriften der Spätzeit, II, 186 (22.19, g,4; 22.20); C. Jurman, Memphis in der Dritten Zwischenzeit, Hamburg 2020, 807–815 (D.086–087).

73 Jansen-Winkeln, Inschriften der Spätzeit, II, 382–383 (42.2).

Namen können also durchaus ein erstes Hilfsmittel bei der Verortung und Datierung ägyptischer Denkmäler sein. Allerdings sind Namen oft nur ein Teil der prosopographischen Information. Um eine Person und ihre Denkmäler örtlich und zeitlich einordnen zu können, müssen Titel und genealogische Zusammenhänge, sofern vorhanden, natürlich ebenso herangezogen werden.

2.2 Kenntnis der ägyptischen Sprache

Als isolierte Textelemente haben die Namen für unserer Kenntnis der ägyptischen Sprache keine allzu große Bedeutung, aber zu bestimmten Teilgebieten können sie immerhin einige Aspekte beitragen.

2.2.1 Lexik

Was die Lexik angeht, sind Namen im Allgemeinen wenig hilfreich. An sich böten die Namen, besonders die Wortnamen, ein reiches Material für Berufe, Gegenstände, Tier- und Pflanzennamen etc., und Ranke hat eine ausführliche Liste mit „Nomina unbekannter Bedeutung" zusammengestellt[74], durch die sich das ägyptische Lexikon bereichern ließe. Aber die Bedeutungen dieser Wörter sind nicht ohne Grund „unbekannt": In der (alt)ägyptischen Sprache ist die Erschließung der (genauen) lexikalischen Bedeutung sicher eines der schwierigsten Probleme. Man hat grundsätzlich – wie schon bei ihrer Entzifferung – drei Anhaltspunkte: 1. die koptische Überlieferung (falls vorhanden), 2. die Determinative und 3. die Kontexte. Alle drei ergeben aber oft nur eine recht ungefähre Bedeutung, selbst bei häufig belegten Wörtern[75]. Bei den Namen scheidet aber der 3. und eigentlich wichtigste Punkt aus: denn Namen sind per definitionem sprachliche Einheiten, die isoliert, ohne Kontext sind: Ihr referentieller Bezug auf eine Person besagt ja nichts über

74 Ranke, PN, II, 194–197.

75 Man erkennt das leicht beim Durchblättern des Deutsch-ägyptischen Wörterverzeichnisses (Band 6, 1971) des „Wörterbuchs": Bestimmte Bedeutungen kommen bei verdächtig vielen Wörtern vor, vgl. etwa die verbalen Bedeutungen „beschenken" (16x), „beseitigen" (28x), „bestrafen" (12x), „darbringen" (26x), „durchziehen" (16x), „eilen" (17x), „sich freuen" (37x), „gehen" (24x), „leuchten" (20x), „preisen" (22x), „schlachten" (30x), „schützen" (31x), „töten" (26x), „vernichten" (21x). Auch wenn man die lange Sprachgeschichte bedenkt, liegt es nahe, dass die meisten dieser ägyptischen Verben, für die man solche Übersetzungsvorschläge gemacht hat, eine sehr viel spezifischere Bedeutung haben. Dasselbe dürfte für die als „Böses" (35x) und „Feind" (29x) wiedergegebenen Substantive zutreffen usw.

die Lexeme der Namen. Sofern sich ihre Bedeutung nicht schon aus Determinativ und/oder koptischem Abkömmling ergibt, was nur selten vorkommt[76], müssen sie anderswo in bekannten Kontexten bezeugt sein. Wo nicht, lässt sich allenfalls aufgrund eines Determinativs vermuten, in welche Kategorie das Wort gehören könnte[77]. Sind die Lexeme von Namen aber aus anderweitigen Zusammenhängen bekannt, kann der Name ihre Semantik nicht weiter präzisieren; er könnte allenfalls für die Belegzeit von Bedeutung sein, denn es wäre natürlich möglich, dass ein Wort zunächst in einem Namen bezeugt ist und erst später in anderen Kontexten[78].

2.2.2 Laute und Morphologie

Über die lautlichen Verhältnisse und die exakte Morphologie (mit Vokalen) können wir den Namen im Allgemeinen kaum etwas entnehmen, jedenfalls nicht den hieroglyphischen oder kursiven Schreibungen. Namen unterscheiden sich in diesem Punkt nicht von anderen Wörtern und Texten. Vokale werden gar nicht geschrieben, und lautliche Veränderungen bei den Konsonanten werden aufgrund der verfestigten Traditionen der Schrift nur in bestimmten Fällen sichtbar, wie etwa Abfall des auslautenden t (passim) oder r, Wechsel von q und g[79], die Schreibung von *pꜣ-n* und *tꜣ-nt* als *p(ꜣ)* bzw. *t(ꜣ)* etc. Eine Ausnahme ist es, wenn sich der ungewöhnliche Lautwandel von ḫ zu k im Verb ḫꜣʿ in Personennamen zeigt (z.B. *Ḫꜣʿ.w-s-n-ꜣst* als *Qw-n-ꜣst*)[80]. Man weiß aber z.B. aus griechischen Umschreibungen, dass es nicht unbedeutende lautliche Veränderungen gegeben hat, z.B. wird der Name *Pꜣ-dj-Zmꜣ-tꜣwj* im Jahr 589 durch griechisches Potasimto wiedergegeben[81].

Besonders informativ in dieser Hinsicht sind die im Neuen Reich in den Nachbarsprachen vokalisiert überlieferten Namen, sie gehören zu den wichtigsten

76 Z.B. beim Namen *Pꜣ-qrr*, wo sich die Bedeutung „der Frosch" sowohl aus dem Determinativ wie auch aus dem koptischen ⲕⲣⲟⲩⲣ „Frosch" ergibt.

77 Das Lexem *Šstf*, im Alten Reich zwei- oder dreimal belegt (Ranke, PN, I, 329,26; II, 391 (329,26); G. Martin, The Tomb of Ḥetepka, London 1979, Taf. 34 [99]), scheint nur als Personenname bezeugt zu sein, s. R. Hannig, Ägyptisches Wörterbuch I, Mainz 2003, 1320. Dem Determinativ nach dürfte es die Bezeichnung einer Pflanze sein (s. Scheele-Schweitzer, Personennamen, 93. 683 [3354]).

78 Ein Beispiel könnte der Name *Nbḥ* sein, vielleicht eine Pflanze, s. Scheele-Schweitzer, Personennamen, 459 [1829], mit n. 216.

79 Z.B. Ranke, PN, I, 181, 27: *Njtt-jqrt*; 28: *Njtt-jgrt* etc.

80 S. Limme, CdE 47, 1972, 106–107 (c); de Meulenaere, RdE 14, 1962, 50, n. 8; Thirion, RdE 56, 2005, 183; Vittmann, GM 141, 1994, 101–102; Collombert, in: R. Meffre / F. Payraudeau, Éclats du crépuscule. Recueil d'études sur l'Égypte tardive offert à Olivier Perdu, 203–204.

81 G. Vittmann, Ägypten und die Fremden, Mainz 2003, 200–201. Abb. 100.

Quellen für die Morphologie des Ägyptischen. Die Korrespondenz in akkadischer Sprache aus und nach Ägypten und andere Texte, die Ägypten zum Thema haben, enthalten zwar gelegentlich auch Sachbezeichnungen in ägyptischer Sprache, aber vor allem die Personennamen werden nicht „übersetzt“, sondern im originalen Wortlaut wiedergegeben. Die Zuverlässigkeit solcher Umschreibungen ist offenbar insgesamt recht gut, nicht verwunderlich, da es sich meist um hochoffizielle Korrespondenz und entsprechend geschulte Schreiber handelt. Wiedergaben in anderen vorderasiatischen Sprachen[82], etwa Hebräisch[83] und Aramäisch[84], sind für die Morphologie nicht so ergiebig, da dort die Vokale nicht durchgehend bezeichnet werden. Die ab dem 4. Jahrhundert von den Griechen überlieferten ägyptischen Namen[85] sind zwar zahlreich, aber oft lautlich reduziert und recht variabel in den Wiedergaben[86], und auch ihre Identifizierung und Auswertung kann problematisch sein[87].

Von besonderer Bedeutung sind jedenfalls die keilschriftlichen Umschreibungen aus etwas älterer Zeit, neben dem Koptischem die wichtigste Quelle für die ägyptische Morphologie.

Für ägyptische Namen und Bezeichnungen in akkadischer Keilschrift[88] gibt es v.a. drei Quellenkomplexe: 1. die sogenannten Amarnabriefe aus der späten 18. Dynastie[89], Briefe von vorderasiatischen Königen und Fürsten an Amenophis III. und seine unmittelbaren Nachfolger, 2. die Korrespondenz Ramses' II. mit dem Hethiterhof aus der 19. Dynastie und 3. die assyrischen und babylonischen Inschrif-

82 Y. Muchiki, Egyptian Proper Names and Loanwords in North-West Semitic, Atlanta 1999.

83 Ranke, PN, II, 406; B.J. Noonan, Non-Semitic Loanwords in the Hebrew Bible, Pennsylvania 2019; F. Breyer, Altägyptische Namen und Wörter im Alten Testament, Münster 2019 (dazu G. Vittmann, OLZ 116, 2021, 275–288).

84 Ranke, PN, II, 406–407; B. Porten / G. Vittmann, Egyptian Namens in Aramaic Texts, Acts of the Seventh International Conference of Demotic Studies, CNIP 27, 2002, 283–327.

85 G. Parthey, Aegyptische Personennamen, Berlin 1864; F. Preisigke, Namenbuch, Heidelberg 1922; Ranke, PN, II, 407–409; W. Brunsch, Untersuchungen zu den griechischen Wiedergaben ägyptischer Personennamen, Enchoria 8, 1978, 1–142; Quaegebeur, The Study of Egyptian Proper Names in Greek Transcription. Problems and Perspectives, Onoma 18, 1974, 403–420.

86 Vgl. etwa die Zusammenstellung von Th. Hopfner, Graezisierte, griechisch-ägyptische, bzw. ägyptisch-griechische und hybride theophore Personennamen aus griechischen Texten, Inschriften, Papyri, Ostraka, Mumientäfelchen und dgl. und ihre religionsgeschichtliche Bedeutung, ArOr 15, 1946, 1–63.

87 Quaegebeur, op.cit., 411–412.

88 H. Ranke, Keilschriftliches Material zur altägyptischen Vokalisation, Berlin 1910; Ranke, PN, II, 406; J. Vergote, Grammaire Copte, Ib, Löwen 1973, 84–101.

89 Deren Bedeutung übrigens zuerst von A. Erman erkannt und besprochen worden ist: Der Thontafelfund von Tell-Amarna, in: SPAW 1888, 583–589.

ten über Ägypten aus der 25.–26. Dynastie. Die beiden ersten Gruppen liegen zeitlich nahe beieinander (14.–13. Jh.), ihre Wiedergaben unterscheiden sich nur wenig. Die assyrischen Umschreibungen aus dem 7. Jahrhundert zeigen dagegen schon sehr deutliche Veränderungen, z.B. den Gottesnamen *Jmn(w)* als Amūnu statt Amāna, wie noch im Neuen Reich.

Einige Beispiele für bekannte Königsnamen sind die Thronnamen folgender Könige:

- Thutmosis IV.: *Mn-ḫprw-Rꜥ* Manaḫpiria[90]
- Amenhotep III.: *Nb-mꜣꜥt-Rꜥ* Nibmuarea oder (mit Assimilation) Nimmuarea[91]
- Amenhotep IV. / Echnaton: *Nfr-ḫprw-Rꜥ* Napḫururea[92]
- Ramses I.: *Mn-pḥtj-Rꜥ* Minpaḫtarea[93]
- Sethos I.: *Mn-mꜣꜥt-Rꜥ* Minmuarea[94]

Von Ramses II. sind in seiner Korrespondenz sogar beide Kartuschennamen in akkadischer Umschreibung überliefert[95]:

- Ramses II.:
- *Wsr-mꜣꜥt-Rꜥ Stp.n-Rꜥ Rꜥ-msj-sw Mrjj-Jmn* Wašmuarea Šatepnarea Reamašeša Maiamāna

Auch die Königstitel *nswt-bjt* und nb-tꜣwj finden sich dort:

- *nswt-bjt* Insibia[96]
- *nb-tꜣwj* Nibtāwa[97]

90 Ranke, Keilschriftliches Material, 12; J. Osing, Die Nominalbildung des Ägyptischen, Mainz 1976, 558–562; sehr ausführlich: H. Buchberger, Transformation und Transformat, ÄA 52, 1993, 249–277.

91 Ranke, op.cit., 13. 14–15.

92 Ranke, op.cit., 14.

93 Keilschrifttexte aus Boghazköi, I, Berlin 1916, 7,5; Ranke, ZÄS 58, 1923, 132–133; E. Edel, Der Vertrag zwischen Ramses II. von Ägypten und Hattušili III. von Hatti, Berlin 1997, 5. 18/20.

94 Keilschrifttexte aus Boghazköi, I, Berlin 1916, 25,5; Albright, JNES 5, 1946, 16 (29); Edel, loc.cit.

95 Keilschrifturkunden aus Boghazköi, III, Berlin 1922, 66, VS,1–2, s. E. Edel, Die ägyptisch-hethitische Korrespondenz, I, Opladen 1994, 170/171; Edel, JNES 7, 1948, 22–23.

96 S.a. G. Fecht, Wortakzent und Silbenstruktur, Ägyptologische Forschungen 21, 1960, § 71–77.

97 S.a. Osing, Nominalbildung, 420. 478.

Beispiele für (sehr viel zahlreichere) Privatnamen aus dem Neuen Reich sind etwa:
- *Pꜣ-rḫ-nwꜣ* Piriḫnāwa[98]
- *Pꜣ-ḥm-nṯr* Paḫamnata und Paḫanate[99]
- *Jmn-m-jp(ꜣ)t* Amanappa[100]
- *mn-ḥtp(w)* Amanḫatpi[101]
- *Ḥtp-Jmn* Ḫatpemūnu[102]
- *Ḥtp* Ḫātip[103]

An den aufgeführten Beispielen lassen sich schon einige Formen in ihrer älteren Vokalisation erkennen, z.B.
- *ḥtp(w)* ḫatpi (Pseudopartizip)[104], vgl. kopt. ϩⲟⲧⲡ / ϩⲁⲧⲡ;
- ḫātip „zufrieden(er)" (Partizip Perfekt aktiv)[105];
- ḫatpe „möge zufrieden sein" (optativisches *sḏm.f*)[106];
- *rḫ* riḫ „wissend(er)" (Partizip Perfekt, endungslos), ebenso min „bleibend(er)"[107];
- *nwꜣ* nāwa „sehen" (Infinitiv), später zu *nw* > ⲛⲁⲩ verkürzt[108];
- *stp.n* šatepna „den erwählt hat", die Relativform der Vergangenheit[109].

Lautliche Verkürzungen werden in Namen wie Amanappa, Assimilationen in Nimmuarea und Paḫanate deutlich.

Man wird schon an diesen wenigen Beispielen erkennen können, wie wertvoll keilschriftliche Wiedergaben von Namen für die Erschließung der ägyptischen Lautlehre und Morphologie sind.

98 Ranke, ZÄS 58, 1923, 133–134; Albright, JNES 5, 1946, 18–19 (44); Osing, Nominalbildung, 604 (573).
99 Ranke, Keilschriftliches Material, 15; Fecht, Wortakzent, § 78–80.
100 Ranke, op.cit., 7.
101 Ranke, op.cit., 8; Albright, JNES 5, 1946, 9–10 (2).
102 Ranke, ZÄS 48, 1910, 112; Osing, Nominalbildung, 606 (587).
103 Ranke, Keilschriftliches Material, 10; Osing, Nominalbildung, 128. 371. 606 (587). 612.
104 Fecht, Wortakzent, § 441.
105 Osing, Nominalbildung, 128. 371. 606 (587). 612.
106 Osing, Nominalbildung, 606 (587).
107 Fecht, Wortakzent, § 81; Osing, Nominalbildung, 127. 603–604.
108 Gardiner, The Original of Coptic ⲛⲁⲩ ‚see', JEA 31, 1945, 113; Osing, Nominalbildung 38. 503–504 (200).
109 Edel, Altägyptische Grammatik, § 667; Osing, Nominalbildung, 477 (135).

2.2.3 Syntax

Innerhalb der ägyptischen Überlieferung ist aber wohl die Syntax der Bereich der Grammatik, für den die Namen am ehesten von Interesse sind. Zwar werden in Grammatiken und Lehrbüchern des Ägyptischen die Namen üblicherweise nicht herangezogen, aber sie können dennoch aufschlussreich sein, denn in den Satznamen liegen ja elementare Satzformen in praktisch allen grammatischen Satztypen vor[110]. Allerdings kann im Einzelfall das Verständnis der Satzform und damit der Bedeutung des Namens unsicher sein:

Bei einem Namen wie *ꜥnḫ-sn.j* lässt sich das *ꜥnḫ* als *sḏm.f* verstehen, als Wunschform „möge mein Bruder leben!“[111] oder als Aussage „mein Bruder lebt“[112], aber auch eine Interpretation als prädikatives Partizip wäre nicht ausgeschlossen: „mein Bruder ist lebendig“. Zumindest ab dem Neuen Reich ist in Namen zudem auch ein präteritales *sḏm.f* möglich, z.B. in *Ḏd-Ḫnzw-jw.f(-r)-ꜥnḫ* „Chons hat gesagt: er wird leben“. Ist das Subjekt des Satznamens ein Gottes- oder Königsname, ergibt sich eine weitere Komplikation, sofern dieser Name an erster Stelle steht: Dann kann er entweder dort zu lesen sein, z.B. *Ḥr-wḏꜣ(w)* „Horus ist heil“[113], wobei das Prädikat dann ein Pseudopartizip ist, oder er ist entgegen der tatsächlichen Lesefolge ‚aus Verehrung' vorangestellt, z.B. in *ꜥnḫ-Ḥwt-Ḥr*[114]: Dann ist das Prädikat entweder ein prädikatives Partizip oder ein *sḏm.f*. Viele Namensmuster sind daher in ihrer grammatischen Interpretation nicht eindeutig. Allerdings können die koptischen, griechischen und keilschriftlichen Wiedergaben, sofern vorhanden, das Verständnis oft klarstellen.

Als Nominalsätze gebildete Namen finden sich recht häufig, aber ihre Bildungsmuster sind sehr eingeschränkt: Nominalsätze mit der Kopula *pw* (z.B. *Nb.j-pw-Ptḥ* „Ptah ist mein Herr“[115]) sind insgesamt eher selten und kommen fast nur im Alten und Mittleren Reich vor[116]. Viel üblicher sind zwei Nominalphrasen in unmittelbarer Nebeneinanderstellung, wobei eine Konstituente meist ein Gottesname ist[117], z.B. *Ptḥ-nb-nfrt* „Ptah ist der Herr von Gutem“ oder *Jmn-pꜣj.j-ṯꜣw* „Amun

110 Ranke, PN, II, 30–85; Scheele-Schweizer, Personennamen, 59–72.

111 So Ranke, PN, II, 271 (20).

112 So Ranke, PN, II, 36.

113 Ranke, PN, I, 246,23, wo auch die koptischen und griechischen Wiedergaben zitiert werden, die die Lesung sichern; zu den keilschriftlichen vgl. noch E. Edel, Neue Deutungen keilschriftlicher Umschreibungen ägyptischer Wörter und Personennamen, Wien 1980, 25–28.

114 Ranke, PN, I, 65,24.

115 Ranke, PN, I, 184,16.

116 Ranke, PN, II, 84–85; Scheele-Schweitzer, Personennamen, 60.

117 Ranke, PN, II, 64–70.

ist meine Luft"[118]. Das ist ein Satztyp, der außerhalb von Namen nur noch in den Pyramidentexten häufiger vorkommt[119]. Auch die Spaltsätze haben eine besondere Form, ohne einleitendes *jn*, z.B. *Rˁ-msj-sw* (Ramses) „Re ist es, der ihn geboren hat"; Spaltsätze *mit jn* scheinen als Namen gar nicht vorzukommen[120]. Es ist sehr bemerkenswert, dass als Nominalsätze gebildete Satznamen in dieser Weise formal von den in zusammenhängenden Texten vorkommenden Nominalsätzen abweichen. Der Grund dafür könnte sein, dass auch als „Satz" gebildete Namen in gewisser Weise univerbiert waren und prosodisch eine Akzenteinheit bildeten[121], für die Kurzformen besser geeignet waren. Dennoch zeigen diese Namen, dass derartig „verkürzte" Nominalsätze durchaus noch in lebendiger Sprache vorhanden und bildbar waren.

Sätze mit adjektivischem Prädikat sind bis zum Neuen Reich häufig, danach werden sie etwas seltener. In der Regel sind diese Namen als (generelle oder spezifische) Aussagen sinnvoll, gelegentlich kann man aber zwischen prädikativem Adjektiv und *sḏm.f*-Form des Adjektivverbs schwanken; z.B. lässt sich ein Name *Nḫt-kꜣ.j*[122] verstehen als „mein Ka ist stark" und ebenso als „mein Ka möge stark sein". Und auch in diesen Satznamen kann die Stellung des Gottesnamens für Unsicherheit hinsichtlich des Satztyps sorgen: Steht er voran, lässt sich der Name als Adjektivsatz oder als Adverbialsatz lesen, z.B. *Nḏm-Sbk* oder *Sbk-nḏm(w)* „Sobek ist angenehm"[123]. Probleme können auch die Satznamen mit prädikativem *nj* „zugehörig sein" bereiten, die vor allem im Alten Reich häufig vorkommen[124]. Besonders das Verständnis des Thronnamens Amenemhets III. als *Nj-mꜣˁt-Rˁ* (griechisch Lamares?) oder *Nj-Rˁ-mꜣˁt* war lebhaft umstritten[125]. Dass gerade die Konstruktion mit *nj* nicht immer eindeutig ist, dürfte nicht zuletzt daran liegen, dass von Präpositionen abgeleitete Nisbe-Adjektive zwei verschiedene Bedeutungs'richtungen' haben können: A *nj* B heißt normalerweise „A, der zu B gehört", aber mit der (viel selteneren) ‚umgekehrten' Nisbe würde es bedeuten „A, zu dem B gehört".

118 Ranke, PN, II, 287,18 und I, 27,10.
119 Edel, Altägyptische Grammatik, § 947.
120 Vgl. auch Scheele-Schweitzer, Personennamen, 61.
121 Vgl. auch G. Fecht, Literarische Zeugnisse zur ‚Persönlichen Frömmigkeit' in Ägypten, Heidelberg 1965, 32: „Personennamen bilden stets nur ein Kolon, auch wenn sie den sonstigen Regeln nach aus mehreren Kola bestehen müßten."
122 Ranke, PN, I, 211,16.
123 Ranke, PN, I, 304,18; s dazu auch Brose, GM 239, 2013, 25–30.
124 Scheele-Schweitzer, Personennamen, 62–63.
125 Edel, Altägyptische Grammatik, LXVII (§ 366); Westendorf, Hieß Lamares Lamares, MIO 7, 1959, 316–329; Westendorf, Lamares und Rathures als Kronzeugen für die mit *nj* gebildeten Namen?, SAK 11, 1984, 381–397.

Sätze mit adverbialem Prädikat kommen sehr häufig als Namen(smuster) vor, besonders auch bei basilophoren und theophoren Namen. Das Prädikat ist in der Regel ein Pseudopartizip (z.B. *Ptḥ-ḥtpw)* oder eine Präpositionalphrase (z.B. *Jmn-m-Jpt*). Interessant ist, dass die Partikel *jw* in Satznamen in der Regel nur dann gebraucht wird, wenn es sich um Adverbialsätze mit pronominalem Prädikat handelt, wie etwa *Jw.f-n-Ḫnzw* „Er gehört zu Chons" oder *Jw.s-r-ꜥnḫ* „Sie wird leben", oder in Possessivkonstruktionen wie *Jw-n.s-snb* „Sie hat Gesundheit" = „sie ist gesund"[126]. Dazu führt Ranke nur sehr wenige Ausnahmen auf, die Namen *Jw-jb.j-r.s* („mein Herz steht nach ihr")[127], *Jw-jb.j-mn(w)* („mein Herz bleibt")[128] und *Jw-pꜣ-n.j* („dieser gehört mir")[129]. Die Masse der Namen hat aber *kein jw*; Satznamen wie **Jw-Ptḥ-ḥtp(w)* oder **Jw-Jmn-m-Jpt* wird man nicht finden. Interessant ist das deshalb, weil es eine früher weitverbreitete These gab, nach der alle *Haupt*sätze mit verbalem und adverbialem Prädikat von *jw* eingeleitet sein müssen. Wie die Satznamen zeigen, bei denen es sich ja um Hauptsätze handelt, ist das unfundiert. Man kann ihnen im Gegenteil entnehmen, dass die Partikel *jw* nicht auf Satzebene, sondern auf Textebene relevant ist und dem Bezug der Satzaussage auf die Kommunikationssituation dient, was bei Namen nicht nötig ist.

In Form von Verbalsätzen gebildete Satznamen enthalten meist die Form *sḏm.f*, und in der Regel dürfte es sich um Wunschsätze handeln (z.B. *Jj-sn.f* „sein Bruder möge kommen" oder *ꜥnḫ-pꜣ-ẖrd* „das Kind möge leben"[130]), nicht selten aber wohl auch um (präsentische) Aussagen. Dagegen sind Namen mit *sḏm.n.f*[131] recht selten[132]. In beiden Fällen finden sich aber offenbar keine von *jw* eingeleiteten Namen, obwohl es selbständige Sätze wie *mꜣꜣ.n.j nḫtw.f* nach den bekannten Thesen nicht geben sollte. Vermutlich ist die Abwesenheit der Partikel *jw* ähnlich zu verstehen wie bei den Sätzen mit adverbialem Prädikat. Auch bei den Verbalsätzen kann die Möglichkeit, Gottesnamen entgegen der tatsächlichen Sprechfolge in der Schrift voranzustellen, zu Problemen bzw. Unklarheiten (beim heutigen Leser) führen, nämlich wenn zu entscheiden ist, ob der Gottesname einem darauf bezüglichen Pronomen vorangeht oder folgt, z.B. *Rꜥ-ḫꜥj.f* oder *Ḫꜥj.f-Rꜥ* (Chefren).

Die Grammatik der Namen entspricht normalerweise jeweils der ihrer Entstehungszeit. Daher kann man bei Namen, die vom späten Mittleren Reich an neu

---

126 Ranke, PN, I, 14,17, 15,10 und 13,25.

127 Ranke, PN, I, 13,13 (der Name findet sich allerdings an der angegebenen Stelle nicht!), neben Namen wie *jb.j-r.f / r.s,* Ranke, PN, I, 19,8–9.

128 Ranke, PN, I, 414,17.

129 Ranke, PN, I, 16,30, neben *Pꜣ-n.j* (I, 129,16), vgl. Edel, Altägyptische Grammatik, § 195.

130 Ranke, PN, I, 10,19. 63,17.

131 Z.B. *Mꜣꜣ.n.j-nḫtw.f* „ich habe seine Siege gesehen", Ranke, PN, I, 143,23; s.a. Ranke, PN, II, 41.

132 Ranke, PN, II, 40–41.

gebildet worden sind, einen zunehmenden Einfluss der jüngeren Sprachstufe wahrnehmen, z.B. den Artikel, den Possessivartikel, das Suffix *.w* (statt *.sn*) oder das präteritale *sḏm.f*. Namen, die in der 3. Zwischenzeit entstanden sind, können sogar schon Elemente des Demotischen enthalten, wie etwa die Namen des Typs NN-*j.jrj-dj-s* „der Gott NN ist es, der ihn (oder sie) gegeben hat", wo man als Objekt des Infinitivs von *(r)dj* das enklitische Pronomen findet, nicht das Suffix.

Obwohl sich der Bestand der Namen auf diese Weise ständig verändert und modernisiert, bleiben viele alte Namen und Namensmuster bis in späteste Zeit erhalten. Es ist aber auffällig, dass bei den altüberlieferten diejenigen bei weitem überwiegen, deren grammatische Form gleichfalls noch aktuell ist. Namen wie *Ptḥ-ḥtp(w)* oder *Jmn-m-Jpt* sind so vom Alten bzw. Mittleren Reich bis in die Ptolemäerzeit gängig: die entsprechenden Satzmuster gibt es auch im Demotischen und Koptischen noch. Tatsächlich ist es so, dass die meisten ägyptischen Namen und ihre Bildungsmuster in jeder Epoche etymologisch durchsichtig und verständlich sind. Wie schon erwähnt, ist das keineswegs selbstverständlich.

2.3 Kenntnis der ägyptischen Geschichte

Ein weiterer Punkt ist die Frage, ob und inwieweit sich den Personennamen historische Informationen entnehmen lassen.

2.3.1 Basilophore Namen

Man wird dabei zunächst an die basilophoren Namen denken[133]. Bei diesen Namen kann man zwei Möglichkeiten unterscheiden: Eine Privatperson trägt entweder denselben Namen wie der König oder ihr Name besteht aus Königsname + Prädikation, z.B. „König NN ist mächtig". Im ersten Fall muss es sich allerdings nicht unbedingt um einen „basilophoren" Namen handeln, sofern der Name allgemein üblich ist, z.B. Ahmose (*Jʿḥ-msw*).

Jedenfalls sind basilophore Namen schon im Alten Reich weit verbreitet, ebenso im Mittleren Reich. In der 18. Dynastie sind sie dann weniger gebräuchlich, häufig erscheinen sie aber wiederum in der Ramessidenzeit, danach fast nur

133 Ranke, PN, II, 219–224 (leider mit den theophoren Namen vermischt); Scheele-Schweitzer, Personennamen, 113–118; de Meulenaere, Surnom, 27–31; Barta, Zur Konstruktion ägyptischer Personennamen mit einem Königsnamen als Komponente, ZÄS 117, 1990, 2–11.

noch in der 26. Dynastie[134]. Sofern es sich um den Namen des regierenden Königs handelt, könnte man solche Namen als Zeichen der Loyalität werten, entweder des Namensträgers, falls der Name nachträglich angenommen wurde, oder der Eltern, falls der Namen bei der Geburt vergeben wurde. Um aber solche Unterscheidungen zu treffen, müsste man die Belege und die Namensvergabe sehr genau datieren können, und das ist in der Regel kaum möglich, zumal für die älteren Epochen.

Es gibt eigentlich nur zwei Zeiträume, wo man die Funktion dieser Namen etwas klarer erkennt: das ist zum einen die Ramessidenzeit, zum anderen die 26. Dynastie. In beiden Epochen lässt sich feststellen, dass solche Namen oft sekundär angenommen wurden, mithin entweder Zeichen von Loyalität bzw. Opportunismus des Beamten waren oder sogar vom König selbst verliehen wurden. Tatsächlich heißt es in einem Papyrusfragment der späten Ramessidenzeit einmal (leider in zerstörtem Zusammenhang): „Der Name, den ihm der Pharao, sein Herr, genannt hat, als er noch den Namen eines Dieners von geringem Rang hatte"[135].

Gute Beispiele für eine solche sekundäre Benennung nach dem König geben uns einige *wbꜣw nswt*, also „Truchsesse" (o.ä.) der Ramessidenzeit[136]. Das waren hohe Funktionäre bei Hof und offenbar besondere Vertrauensleute des Königs, die häufig Sonderaufträge übernahmen. Einer von ihnen, der sich unter Sethos I. *ꜥšꜣ-ḥbsd* („mit vielen Sedfesten") nennt, erscheint unter Ramses II. als Ramses-*ꜥšꜣ-ḥbsd*[137]. Unter Merenptah findet man einen Truchsess namens *Mrj.n-Ptḥ-m-pr-Ptḥ*, also mit dem Eigennamen des Königs gebildet[138], unter Ramses IX. einen *Nfr-kꜣ-Rꜥ-m-pr-Jmn*[139] und unter Ramses XI. (im Jahr 19) einen *Mn-mꜣꜥt-Rꜥ-nḫt*[140]: in den letzten beiden Fällen basilophore Namen, die den Thronnamen des regierenden Königs enthalten. Da diese hohen Funktionäre sicher keine Kinder oder Jugendliche waren, können sie diese Namen erst unter den betreffenden Königen angenommen haben, nicht schon bei ihrer Geburt. Die *wbꜣw nswt* der Ramessidenzeit waren übrigens in vielen Fällen nachweislich ausländischer Herkunft[141], und es ist nicht unwahrscheinlich, dass sie aufgrund ihrer mangelnden familiären Verankerung in der ägyptischen Elite in besonderem Maße auf die Gunst des Königs angewiesen

134 In der 27. Dynastie und der Zeit danach gibt es noch einige mit den Namen der Könige der 26. Dynastie gebildete Namen, möglicherweise in den Familien vererbt.

135 A. Gardiner, Ramesside Administrative Documents, London 1948, 60, 4–5.

136 S. dazu Helck, Zur Verwaltung des Mittleren und Neuen Reiches, PÄ 3, 1958, 269–276; Schulman, CdE 61, 1986, 187–202. 65, 1990, 12–20.

137 Kitchen, Ramesside Inscriptions, I, 1975, 62–63 und III, 1980, 203–204.

138 Kitchen, Ramesside Inscriptions, IV, 1982, 103, 15–16.

139 Kitchen, Ramesside Inscriptions, VI, 1983, 456,1. 468,12. 470,1–2. 473,11. 480,5. 482,6–7. 488,3.

140 Kitchen, Ramesside Inscriptions, VI, 1983, 767,9–10. 775,12–13. 833,14–15.

141 Helck, Zur Verwaltung, 272–274; Schulman, CdE 61, 1986, 199–201; 65, 1990, 13–19.

waren und umgekehrt auch gerade deshalb von ihm bevorzugt wurden. Ihre basilophoren Namen könnten sie dann sekundär statt oder neben einem nichtägyptischen Geburtsnamen getragen haben. Solche Namen verraten also indirekt durchaus etwas über das Herrschaftssystem.

In der Dritten Zwischenzeit finden sich kaum noch basilophore Namen[142], sie kommen erst wieder in der 26. Dynastie in Mode, dann aber sind sie gleich sehr häufig: Für diese Zeit sind mehr als 50 verschiedene basilophore Namen von deutlich über 300 Personen bekannt, durchweg hochrangige Funktionäre mit ganz verschiedenen Aufgaben, oft mit vielen Titeln und mehreren Denkmälern[143]. Die basilophoren Namen dieser Zeit werden häufig als „schöner Name" (*rn nfr*) bezeichnet, sind also Zweitnamen[144]. Das Wiederaufleben des *rn nfr* ist übrigens ein typisches Merkmal des sog. Archaismus, aber die basilophoren Namen selbst sind zweifellos ein Zeichen der engen Bindung ihrer Träger an den König. Auch sie werden häufig erst sekundär angenommen. Das ist sehr deutlich bei den mit *Nfr-jb-Rꜥ*, dem Thronnamen Psametiks II., gebildeten Namen, sofern ihre Träger noch unter Psametik II. selbst oder unter seinem unmittelbaren Nachfolger hohe Ämter hatten, denn Psametik hat nur 6 Jahre regiert. Besonders aufschlussreich ist der Fall des Horiraa, eines „Leiters der Vorhalle" (*mr rwt*) des Königs, der schon unter Necho II. amtierte und auch der Erzieher des zukünftigen Psametik II. war. Er nannte sich ursprünglich mit „Schönem Namen" *Wḥm-jb-Rꜥ-nfr*, also ein mit dem Thronnamen Nechos II. gebildeter Name, der aufgrund von dessen Regierungszeit von nur 15 Jahren auch sekundär angenommen worden sein muss, und er hat ihn dann unter Psametik II. in *Nfr-jb-Rꜥ-nfr* aktualisiert und auf seinen älteren Denkmälern entsprechend abgeändert[145].

---

142 In der 21. Dynastie gibt es einen Funktionär namens *ꜥꜣ-ḫpr-Rꜥ* (Thronname Psusennes' I.), s. Jansen-Winkeln, Inschriften der Spätzeit, I, Wiesbaden 2007, 67 (4.130); Müller, in: G. Broekman u.a. (Hgg.), The Libyan Period in Egypt, EU 23, 2009, 254, und der Hohepriester von Memphis *Pꜣwpꜣw* führt den Beinamen *Nṯrj-ḫpr-Rꜥ-mrjj-Ptḥ* (Jansen-Winkeln, op.cit., 153 [9.46]). Danach, ab der 22. Dynastie, gibt es nur einen Namenstyp, den man als basilophor bezeichnen könnte, *ꜥnḫ* + Königsname, z.B. Anch-Osorkon, s. A. Leahy, ‚May the King Live': the Libyan Rulers in the Onomastic Record, in: A. Lloyd (Hg.), Studies in Pharaonic Religion and Society in Honour of J. Gwyn Griffiths, London 1992, 146–163.

143 S. etwa Jansen-Winkeln, Inschriften der Spätzeit, IV, 1210–1211 (*Wꜣḥ-jb-Rꜥ...*), 1225–1227 (*Psmṯk...*), 1232 (*Nfr-jb-Rꜥ...*).

144 Vgl. de Meulenaere, Surnom, 40–41.

145 S. Jansen-Winkeln, Zu den Denkmälern des Erziehers Psametiks II., MDAIK 52, 1996, 187–199; R. Gozzoli, Psammetichus II, Reign, Documents and Officials, London 2017, 196–199 (15); R. Gozzoli, The Statue BM EA 37891 and the Erasure of Necho II's Names, JEA 86, 2000, 67–80.

Für die 26. Dynastie verraten die basilophoren Namen mithin weniger über die Auswahl von Beamten, sondern über ihre enge Bindung an den König, ungeachtet der Art ihres Amtes.

Daneben zeigen sie aber auch, welch hohes Prestige die Könige der ja noch jungen 26. Dynastie hatten. Dafür spricht auch, dass ihre Namen selbst nach Ende dieser Dynastie noch vergeben wurden. Die späteren Könige erscheinen dagegen nicht mehr in basilophoren Namen, auch nicht diejenigen der 30. Dynastie, die sonst in vielem die 26. nachahmt. Vielleicht darf man daraus schließen, dass diese Könige kein so großes Ansehen hatten, was ja aufgrund der vielfachen gewaltsamen Thronwechsel in dieser Zeit nicht sehr verwunderlich wäre. Allerdings: generell kann man keinesfalls aus dem Vorhandensein oder der Häufigkeit basilophorer Namen auf die Stärke des Königtums einer Epoche schließen. Dagegen spricht schon, dass basilophore Namen in der späten 20. Dynastie wesentlich häufiger sind als in der 18. Dynastie.

2.3.2 „Noms imprécatoires"

Basilophore Namen können uns allenfalls indirekte Hinweise auf historisch Relevantes liefern, aber es gibt eine Gruppe von Namen, die sich angeblich *unmittelbar* auf geschichtliche Vorgänge beziehen sollen; Ranke bezeichnet sie im zweiten Band seines Werks als „politisch-geschichtliche Namen"[146]. Das sind diejenigen Namen, für die M. Guentch-Ogloueff die bis heute gebräuchliche Bezeichnung „noms imprécatoires" geprägt hatte[147], also „Fluch- oder Verwünschungsnamen". Diese „noms imprécatoires" sind typisch für die Spätzeit (etwa ab der 22. Dynastie)[148] und drücken aus, dass eine Gottheit oder göttliche Macht gegen anonyme Feinde vorgehen soll oder vorgegangen ist bzw. dass diese Feinde nicht schaden werden oder nicht geschadet haben. Der bekannteste und häufigste Name dieser Art ist sicher *Jrt(-n)-Ḥr-r.w* „Das Horusauge ist gegen sie" (griech. Inaros). Er taucht zuerst in der späten 22. Dynastie auf, und Namen entsprechender Bedeutung sind schon bald, ab der 25. Dynastie, sehr häufig, sie haben sich bemerkenswert schnell durchgesetzt. Weitere Beispiele sind etwa *Nḫt-Bꜣstt-r.w* „Bastet ist mächtig gegen sie", *Ṯꜣj-Jmn-*

146 Ranke, PN, II, 224.

147 M. Guentch-Ogloueff, Noms propres imprécatoires, BIFAO 40, 1941, 117–133.

148 Ein vereinzelter Fall (*Ṯꜣj-Jmn-jm.w*) schon gegen Ende der 20. Dynastie in pBM 10053 rto., 2,6, s. Peet, Tomb-Robberies, 105. Taf. XVII; Kitchen, Ramesside Inscriptions, VI, 507,16, und ein Name desselben Typs (*Ṯꜣj-Mwt-jm.w*) ist zweimal in der 21. Dynastie belegt, s. Jansen-Winkeln, in: H. Franzmeier, Mit archäologischen Schichten Geschichte schreiben. Festschrift für Edgar B. Pusch, Hildesheim 2016, 196, n. 93.

jm.w „Amun (oder ein anderer Gott) hat sie überwunden“ bzw. „möge sie überwinden“; *Bn-jw.w-thj-Ḥr* „Sie werden Horus nicht schädigen“.

Guentch-Ogloueff hatte bestritten, dass es sich bei diesen anonymen Feinden um persönliche Gegner des Namensträgers handeln könnte, da der Name ja bereits bei der Geburt vergeben werde. Auch böse Dämonen (u.ä.) kämen nicht in Betracht, da bestimmte Namen (wie etwa „Sie werden Horus nicht schädigen“) nicht zu dieser Interpretation passten, man würde als magische Abwehr auch andere Schutzgötter erwarten (wie Isis oder Bes), vor allem aber würden die Feinde nicht mit Namen benannt, was bei der Magie unbedingt erforderlich sei. Sie ist der Meinung, dass es sich bei den Feinden tatsächlich um fremde Invasoren handelte, die Ägypten eroberten oder zu erobern drohten, sie versteht die Namensbildung sozusagen historisch-politisch („des noms insurrectionnels“)[149]. Dem hatte sich auch Ranke angeschlossen und diese These hat auch heute noch Anhänger[150].

Es ist aber mehr als unwahrscheinlich, dass diese Namen, wenn sie sich wirklich gegen fremde Invasoren Ägyptens gerichtet hätten, nach jahrhunderterlanger Fremdherrschaft derart populär werden sollten und ihre größte Frequenz ausgerechnet in der 26. Dynastie hatten, als Ägypten wieder ein mächtiger Staat war und seinerseits im Norden und Süden Eroberungen machte. Außerdem ist es nur schwer vorstellbar, dass Eltern ihre Kinder nach der (außen)politischen Situation benennen. Bei den anonymen Feinden wird es sich im Gegenteil mit größter Wahrscheinlichkeit um Krankheitsdämonen und andere böse Geister handeln, die Leben und Gesundheit des Kindes bedrohen konnten. Konkreten bezeichnen konnte man sie schon deshalb nicht, weil es ja eine Vielzahl von Dämonen und schädlichen Wesen gab, die alle dem Kind gefährlich werden konnten. Jedenfalls wird man solchen Namen keine „historisch-politischen“ Aussagen entnehmen können.

Dass es sich bei den „noms imprécatoires“ um vergleichsweise neue Bildungen handelt, erkennt man schon daran, dass viele von ihnen Elemente des jüngeren Ägyptisch enthalten, also neuägyptisch geprägt sind. Bemerkenswert ist die unterschiedliche Zeitlage dieser Namen: wie die negierten Formen zeigen, sind die verbalen Bildungen teils präterital (*Bn-pw.w-qbꜥ-ꜣst* „man hat / sie haben nicht über Isis gescherzt“), teils präsentisch (*Bw-jrj.w-ḥwrꜥ-Ḫnzw* „man beraubt /sie berauben Chons nicht“), teils futurisch / optativisch (*Bn-jw.w-thj-Ḥr* „man wird / sie werden Horus nicht schädigen“). Für diejenigen Namen allerdings, die nicht negiertes

149 BIFAO 40, 128.

150 Ranke, PN, II, 224; Ranke, Altägyptische Personennamen juristischen und politischen Inhalts, in: E. Falkenberg (Hg.), Beiträge zur Kultur- und Rechtsphilosophie, Heidelberg 1948, 248–250; ebenso, Ranke folgend, bei Scheele-Schweitzer, Personennamen, 131.

sḏm.f enthalten, gestattet die Grammatik eine präteritale oder eine futurisch / optativische Übersetzung.

Diese „noms imprécatoires" sind kürzlich in einem grundlegenden Artikel von Ph. Collombert neu behandelt worden[151]; auch er betrachtet sie nicht als „historisch-politisch". Er plädiert für ein einheitliches Verständnis dieser Namen und möchte das nahezu überall erscheinende Suffix *.w* nicht unpersönlich („man") verstehen, sondern es pluralisch („sie") auf böse Geister beziehen, die das Leben des Kindes bedrohen. Das ist unzweifelhaft in den Fällen, wo der Name auf Präposition + Suffix endet (wie bei *Jrt-Ḥr-r.w* oder *Ṯꜣj-Jmn-jm.w*), in anderen Fällen wäre inhaltlich beides möglich. Und angesichts der Tatsache, dass es auch Namen dieses Typs gibt, in denen an entsprechender Stelle nicht *.w,* sondern *.tw* steht[152], scheint es doch nicht ganz so sicher, dass *.w* überall pluralisch zu verstehen ist (s.a. unten, 2.4.4). Die Zeitlage sieht Collombert abhängig vom Zeitpunkt der Geburt: Futurisch-optativische Formen (wie etwa die Orakelnamen) beziehen sich auf die Zeit vor der Geburt, präteritale auf die Zeit danach; die bösen Geister sind nun besiegt, und er hat eine Tendenz, möglichst viele Namen im letzteren Sinne zu verstehen. Das würde bedeuten, dass sich die mit solchen Namen ausgedrückte apotropäische Funktion nur auf die Geburt bezöge. Aber auch bei Kleinkindern, die die Geburt glücklich überstanden hatten, war die Sterblichkeit sicher noch sehr hoch, anders gesagt, sie waren auch danach noch von „bösen Geistern" bedroht, so dass auch für die Zeit nach der Geburt Wunschformen noch durchaus angemessen sein könnten. Wie auch immer, Collomberts Beitrag ist jedenfalls ein sehr bedeutender Fortschritt für das Verständnis der „noms imprécatoires".

Auch wenn diese Namen uns nicht über die politische Geschichte unterrichten können, scheinen sie doch immerhin etwas über das Lebensgefühl der Ägypter dieser Epochen auszusagen. Und es ist vielleicht kein Zufall, dass in derselben Zeit, als die „nom imprécatoires" aufkommen, auch die „oracular amuletic decrees" bezeugt sind, die gleichfalls ein Schutz gegen alle möglichen anonymen Bedrohungen sein sollen. Es würde allerdings unsere Kenntnis der Gesellschaften dieser Epochen weit übersteigen, wenn man versuchte, für derartige Gefühle der Bedrohung Ursachen in der politischen Geschichte zu suchen.

151 Ph. Collombert, Qui sont- ‚ils'?, in: R. Meffre / F. Payraudeau, Éclats du crépuscule. Recueil d'études sur l'Égypte tardive offert à Olivier Perdu, 171–230. Einige Namenstypen dieser Gruppe sind nahezu zeitgleich auch von J. Quack besprochen worden, in: F. Coppens u.a. (Hgg.), Knowledge and Memory. Festschrift in Honour of Ladislav Bareš, Prag 2022, 443–451.

152 Collombert, op.cit., 197–198.

2.3.3 Fremdnamen

In ägyptischen Texten aller Epochen finden sich natürlich auch viele nicht-ägyptische Namen[153]. Fremdnamen geben sich in der Regel durch ihre lautliche Struktur zu erkennen und/oder durch ihre ungewöhnliche Schreibung, in „syllabischer" Schrift und oft mit Fremdlanddeterminativ[154]. Solche Namen sind ein erster Hinweis (wenn auch kein definitiver Schluss) auf eine andere ethnische Zugehörigkeit oder Abstammung des Namensträgers. In diesem Fall sollte man am ehesten Namen von Nubiern, Libyern oder Asiaten erwarten. Sofern es sich um semitischsprachige Asiaten handelt, sind solche Namen möglicherweise lautlich und inhaltlich verständlich[155], nubische (bzw. afrikanische) und libysche dagegen weitestgehend unbekannt[156].

Aus dem Mittleren Reich sind zahlreiche Personen mit vorderasiatischen Namen überliefert, die in größeren Haushalten als Sklaven beschäftigt waren[157], offenbar keine Kriegsgefangenen, da viele von ihnen Frauen waren. Bei dieser Gruppe ist die Identifizierung leicht, denn sie werden oft expressis verbis als Asiaten (*ꜥꜣmw* bzw. *ꜥꜣmt*) bezeichnet. Ein historisch (und für die Namenkunde) besonders interessanter Fall sind die in einem Papyrus in Brooklyn aufgeführten

153 Zu den Fremdnamen des Alten Reiches s. Osing, MDAIK 32, 1976, 160–169; Scheele-Schweitzer, Personennamen, 123–124; Mittleres Reich: W. Helck, Die Beziehungen Ägyptens zu Vorderasien im 3. und 2. Jahrtausend v. Chr, ÄA 5, 21971, 77–86; Th. Schneider, Ausländer in Ägypten, 2, ÄAT 42, 2003, 123–176; Neues Reich: Schneider, Asiatische Personennamen in ägyptischen Quellen des Neuen Reiches, OBO 114, 1992; libysche Namen: F. Colin, Les Libyens en Égypte (XVE siècle A.C. – IIE siècle P.C.). Onomastique et histoire, Diss. Brüssel 1995–1996; nubische Namen: R. El-Sayed, Afrikanischstämmiger Lehnwortschatz im älteren Ägyptisch, OLA 211, 2011; K. Zibelius, „Nubisches" Sprachmaterial in hieroglyphischen und hieratischen Texten, Meroitica 25, 2011; Vittmann, A Question of Names, Titles, and Iconography. Kushites in Priestly, Administrative and Other Positions from Dynasties 25 to 26, MittSAG 18, 2007, 139–161; persische Namen: R. Schmitt / G. Vittmann, Iranisches Personennamenbuch, VIII: Iranische Namen in ägyptischer Nebenüberlieferung, Wien 2013; griechische Namen: F. Preisigke, Namenbuch, Heidelberg 1922; https://www.trismegistos.org (zuletzt aufgerufen am 06.06.2024).

154 In A. Gardiner, Egyptian Grammar, Oxford 1957, sign-list T14 (S. 513).

155 Auch wenn man unterstellen kann, dass eine ganze Reihe semitischer Sprachen und Dialekte nicht schriftlich überliefert und daher unbekannt sind.

156 Man vergleiche die unterschiedliche Interpretation der 58 Namen auf der Rückseite des Papyrus Moskau 314 (Erman, Hymnen an das Diadem der Pharaonen, SPAW 1911, 6. 55–58). Während Erman noch keine Erklärung für die Herkunft dieser „Barbarennamen" hatte, sollen sie nach Rilly (La langue du royaume de Méroé, Paris 2007, 5–11) meroitisch sein, während Schneider (Ausländer in Ägypten, 175–176) sie für libysch / protoberberisch hält.

157 Helck, Die Beziehungen Ägyptens zu Vorderasien, 77–81; Schneider, Ausländer in Ägypten, passim.

asiatischen Sklaven[158], da sie ägyptische Zweitnamen erhalten haben und mit ihren Berufen bzw. Tätigkeiten aufgeführt werden. Nur durch ihre Namen (vermutlich) als Fremde zu identifizieren sind dagegen viele Arbeiter in den großen Bauprojekten der frühen 18. Dynastie in Theben[159]. Bei ihnen dürfte es sich überwiegend um ausländische Zwangsarbeiter handeln, vermutlich aus Kriegsgefangenen rekrutiert, denn in dieser Epoche hat Ägypten ständig Krieg geführt. In diesem Fall sind die fremdartigen Namen unser einziger Hinweis auf dieses „Beschäftigungsverhältnis".

Die „Ächtungstexte" des Alten und Mittleren Reiches[160], in denen eine Fülle nubischer und asiatischer Fremdnamen vorkommen, sind aufgrund ihres Charakters als Abwehrzauber ein besonderer Fall. Sie besagen – ähnlich wie die „noms imprécatoires" der Spätzeit – mehr über die Bedrohungsängste der Ägypter als über die historische Realität[161], obwohl sie natürlich einen gewissen Einblick in die Kenntnisse der Ägypter über ihre Nachbarn geben. Neuerdings hat man versucht, in den nubischen Namen der Ächtungstexte des Mittleren Reiches (proto)meroitsche Sprachelemente aufzuspüren[162]. Die Evidenz dafür scheint recht dünn, aber sollte sich der Nachweis für eine solche Kontinuität der Sprache (und damit auch der Bevölkerung?) bestätigen, wäre das historisch überaus bedeutsam.

Sofern es sich bei den aufgrund ihrer Namen mutmaßlich Fremden nicht um Gruppen handelt, sondern um Einzelpersonen, wird das historisch vor allem relevant sein, wenn es sich um hochgestellte Leute handelt, etwa einflussreiche Beamte. Vor allem aus der Ramessidenzeit sind hohe Funktionäre vermutlich ausländischer Herkunft recht zahlreich[163]. Ein besonders prominenter Fall ist der „Kanzler" Baj unter Siptah. Bei den meisten dieser Leute ist im Übrigen der Name der einzige Hinweis auf nichtägyptische Abstammung[164].

---

158 W. Hayes, A Papyrus of the Late Middle Kingdom, Brooklyn 1955; Schneider, op.cit., 60–61; Schneider, UF 19, 1987, 255–282.

159 Vgl. M. Römer, Die Ostraka der frühen 18. Dynastie, Kairo 2023, II, 137ff.: dort am Ende der alphabetischen Abschnitte sind jeweils „Namen in (teilweise) syllabischer Schreibung" zusammengestellt.

160 Posener, in: LÄ I, 67–69, s.v. Ächtungstexte; Seidlmayer, in: The Oxford Encyclopedia of Ancient Egypt, I, 487–489, s.v. Execration Texts; El-Sayed, Afrikanischstämmiger Lehnwortschatz im älteren Ägyptisch, OLA 211, 2011, 62–77; Zusammenstellung der Belege bei Wimmer, Biblische Notizen 67, 1993, 90–92.

161 Die Benutzung solcher Texte in einer konkreten historischen Situation vermutet aber Seidlmayer, in: S. Leder / B. Streck (Hgg.), Akkulturation und Selbstbehauptung, Halle 2002, 98.

162 El-Sayed, op.cit., 31–33.

163 S. Helck, Beziehungen, 353–335; Schulman, CdE 65, 1990, 12–20; vgl. auch oben, 3.1.

164 Vgl. Helck, op.cit., 352: „Der Name des Betreffenden [wird] das Hauptkriterium bleiben, da sonst kaum einmal ein Hinweis auf die Herkunft erhalten ist."

Historisch noch viel bedeutsamer ist es, wenn die Könige fremde Namen tragen. Bei den Königen der Hyksos war die Sache immer klar: sie geben sich nicht nur durch ihre Namen als Fremdherrscher zu erkennen[165], sie werden auch von Manetho als „fremde phönizische Könige" bezeichnet. Für die Zeit nach dem Neuen Reich, als Ägypten fast durchgehend von Fremden beherrscht wurde, sind die Dinge aber nicht immer so einfach. Die Könige der 25. und 27. Dynastie haben fremde Namen und werden auch bei Manetho als „Äthiopier" bzw. Perser bezeichnet. Fremdartige Namen haben aber auch die Könige der 22. Dynastie, und bei ihnen sagt Manetho nichts über ausländische Herkunft. Tatsächlich hatte man für die historische Einordnung der 22. Dynastie zunächst nur die Namen der Könige, und die hatte man anfangs für semitisch gehalten, bevor Stern anhand der Königsgenealogie auf der Pasenhor-Stele zeigen konnte, dass es sich um Libyer handeln muss[166]. Dann sollten auch ihre Angehörigen und andere führende Leute mit vergleichbaren unägyptischen Namen Libyer sein, und tatsächlich werden auch Lokalherrscher dieser Zeit auf Stelen als Libyer (mit Feder) dargestellt[167]. Dagegen führen die Könige der 21. Dynastie überwiegend ägyptische Namen, daher hat man sie bis in jüngste Zeit für Ägypter gehalten, obwohl es sich zweifellos ebenfalls um Libyer handelt (und vermutlich sogar um dieselbe Familie wie die Könige der 22. Dynastie)[168]. Tatsächlich tragen aber auch eine Reihe von Personen der Herrscher(familie) der 21. Dynastie libysche Namen, u.a. ein König Osorkon. Der „libysche" Charakter der Namen der Herrscher und Militärführer der Dritten Zwischenzeit war lange Zeit nur aufgrund historischer Argumente schlüssig, ist aber mittlerweile auch linguistisch erhärtet worden[169]. In jedem Fall sieht man daran, wie bedeutsam Kenntnis und Verständnis von Personennamen für das Verständnis ganzer Epochen sein kann.

Im Gegensatz zur 21./22. Dynastie war die 25. immer als die Zeit nubischer Herrscher bekannt, aufgrund von Manethos Liste „äthiopischer" Könige sowie der Tatsache, dass diese Könige Denkmäler in Ägypten und Nubien hinterlassen haben. Allerdings gibt es aus dieser Zeit – abgesehen von den Königen – nur recht wenige (nubische) Fremdnamen in Ägypten, und aus Nubien so gut wie gar keine. Nicht viel anders ist das auch in der 27. Dynastie. Aus ägyptischen Quellen sind nur eine Handvoll Perser bekannt, nur griechische Historiker und aramäische Dokumente

---

165 Th. Schneider, Ausländer in Ägypten, 1: Die ausländischen Könige.

166 L. Stern, Die XXII. manethonische Dynastie, ZÄS 21, 1883, 19–21.

167 Die libysche Identität der Herrscher der 22. (und 21.) Dynastie wäre vermutlich gleich offenbar geworden, wenn man Darstellungen von Feldzügen (u.ä.) wie in der Ramessidenzeit gehabt hätte, aber so etwas gibt es nach dem Neuen Reich eben nicht mehr.

168 S. Jansen-Winkeln, in: Ch. Zivie-Coche / I. Guermeur (Hgg.), „Parcourir l'éternité", Hommages à Jean Yoyotte, II, Brepols 2012, 615–621.

169 F. Colin, Les Libyens en Égypte (XVE siècle A.C. – IIE siècle P.C.), Diss. Brüssel, 1995–1996.

(aus Elephantine) sind hier aufschlussreicher. Immerhin ist einmal ein persischer Funktionär bezeugt, der außer seinem persischen Namen auch einen ägyptischen Beinamen führte[170]. Auch die Könige der 26. Dynastie tragen überwiegend unägyptische Namen (Psametik und Necho). Man hat sie früher für nubisch gehalten, aber die Dynastie stammt aus dem libyschen Westdelta, ihre Namen dürften libysch sein. Auch bei einem späteren König mit fremdartigem Namen schwankt man bis heute zwischen libysch und nubisch: bei Chababasch, der während der zweiten Perserherrschaft, der „31." Dynastie, eine Art Gegenkönig war[171]. Sein Auftreten im Delta wenige Jahre nach Ende der 30. Dynastie scheint zunächst auf einen Libyer zu deuten[172], aber sein Name enthält den Laut *ḫ(ꜣ),* der in keinem einzigen nachweislich libyschen Namen vorkommt. Jedenfalls sieht man auch hier, wie wichtig die Namen für die Erschließung der ägyptischen Geschichte sein können.

Sehr viel besser bekannt und aufgearbeitet sind natürlich die Verhältnisse in hellenistischer Zeit, als zahlreiche Griechen und Makedonen in Ägypten ansässig waren. Das Übliche waren natürlich, zumal in den ersten Generationen, Griechen mit griechischen Namen und Ägypter mit ägyptischen, aber man findet auch Griechen mit ägyptischen und Ägypter mit griechischen Namen, und in nicht wenigen Fällen sogar Leute, die einen griechischen *und* einen ägyptischen Namen führen[173]. Aber die Verhältnisse in ptolemäischer Zeit sind kaum noch mit denen älterer Epochen zu vergleichen, da Ägypten sich nun rasch zu einem Land mit zwei (Amts) Sprachen und auch zwei offiziell verwendeten Schriften entwickelt.

2.4 Kenntnis der ägyptischen Religion

Wenn man sich nun fragt, welche Informationen ägyptische Namen für die *Religion* bereithalten, wird man sogleich an die „theophoren" Namen denken, die mit einem Gottesnamen gebildet sind.

---

170 Schmitt / Vittmann, Iranisches Personennamenbuch, VIII, 38–39 (3).

171 S. zuletzt F. Payraudeau, L'Égypte et la vallée du Nil, 3: Les époques tardives, Paris 2020, 348–350 und zu den Belegen Moje, GM 226, 2010, 55–62.

172 So auch Payraudeau, op.cit., 349.

173 R. Calderini, Ricerche sul doppio nome personale nell'Egitto greco-romano, Aegyptus 21, 1941, 221–260. 22, 1942, 3–45.

2.4.1 Theophore Namen: Typen

Bei ihnen lassen sich drei Typen unterscheiden:

1. der Gottesname wird selbst als Personenname verwendet, wie etwa *Ḥr* (Horus), 2. der Name macht eine Aussage über den Gott, z.B. *Ptḥ-ḥtpw* („Ptah ist zufrieden") oder *Jmn-m-ḥꜣb* („Amun ist im Fest"), oder 3. der Name macht eine Aussage über den Namensträger, indem er eine Beziehung zwischen Gott und Mensch ausdrückt, z.B. *Ns-Ḫnzw* „Er (bzw. sie) gehört zu Chons" oder *Bꜣk-n-Jmn* „Der Diener des Amun".

Die erste Gruppe ist erst ab dem Mittleren Reich bezeugt, dann aber gleich recht häufig[174], auch noch im Neuen Reich. Es dürfte sich aber in nicht wenigen Fällen nur um Abkürzungen längerer Namen handeln. Das lässt sich daran erkennen, dass Namen wie Chons, Chnum oder Thot[175] auch gelegentlich als Frauennamen vorkommen, also wohl Kurzformen sind, und der Name *Jmn* ist nachweislich eine Kurzform von *Jmn-m-ḥꜣt.*[176] Auch der im Neuen Reich und danach nicht seltene Männername *Nb-nṯrw* „Herr der Götter" sollte eine Kurzform sein[177]. Nach dem Neuen Reich werden die (einfachen) Namen der großen, landesweit wichtigen Götter kaum noch als Personennamen gebraucht, mit Ausnahme von Horus (bzw. Harsiese). Das ist auch leicht verständlich, da Horus sozusagen der prototypische Sohn ist und das Kind durch einen solchen Namen gewissermaßen in einer Rolle gesehen wird.

Die zweite Gruppe[178] ist vom Alten bis zum Neuen Reich eine besonders häufige Form der theophoren Namen, aber auch später durchaus nicht selten. In vielen Fällen handelt es sich um Festnamen (z.B. *Jmn-m-jnt* „Amun ist im Tal" oder *Ḏḥwt-msjw* „Thot ist geboren"); vermutlich wurde das Kind während dieses Festes geboren[179]. Oft sind es aber auch nur allgemeine Aussagen über die Gottheit: sie ist gut, mächtig, zufrieden, gnädig, lebenspendend etc. Ein solches Gotteslob könnte sich wiederum auf die erfolgreiche Geburt beziehen[180], für die man gebetet hat, oder allgemein auf das (erwünschte) Verhältnis der Gottheit zu dem Kind (und vielleicht auch dem Namensgeber). Diese Art von Namen macht zwar nur eine Aussage

174 Ranke, PN, II, 234–235.

175 Ranke, PN, I, 270,16. 275,5. 407,13.

176 Ranke, PN, I, 26,18.

177 Sofern es sich nicht um einen Ausruf während der Geburt oder auch während eines Festes handelt.

178 Scheele-Schweitzer, Personennamen, 108–112; Ranke, PN, II, 216–223.

179 Sofern der Name nicht nur Familientradition war.

180 Ranke, PN, II, 219 erklärt solche Namen durch ein „zur Zeit der Geburt besonders stark empfundenes Gefühl" (für die betreffende Gottheit).

über den Gott, aber indirekt ist zweifellos auch ein Bezug auf den Namensträger beabsichtigt: die positiven Eigenschaften der Gottheit sollen ihm zugutekommen. Und darüber hinaus wäre sogar eine Einbeziehung der Namensgeber, also im Normalfall der Eltern des Kindes denkbar: Insofern, als Gnade und andere göttliche Machterweise durch Gebete, Lobpreis und Opfer bewirkt oder gefördert worden sind.

Wie auch immer, eine *explizite* Beziehung von Gott und Mensch enthalten diese Namen nicht. Solche regelrechten Beziehungen drücken die Namen der dritten Gruppe aus[181]. Sie sind seit dem Alten Reich belegt, werden aber erst nach dem Neuen Reich wirklich dominant und machen von da an die Masse der Personennamen überhaupt aus. Alle oben (2.2.3) aufgeführten neuen Namenstypen sind solche Beziehungsnamen. Diese Beziehung kann ganz unterschiedlich sein, ist aber natürlich immer positiv für den Namensträger: er ist im Schutz eines Gottes[182], der Gott „errettet" (*šdj*) ihn, er liebt ihn, der Gott ist sein Vater, sein Herr, umgekehrt der Mensch Gottes „Diener" (*ḥm* oder *bꜣk*), er gehört zu Gott etc.

Vor allem die Namen der zweiten und dritten Gruppe zeigen deutlich, dass es eine „persönliche Frömmigkeit", eine innerliche Beziehung und Verbindung der Menschen zu ihren Göttern seit frühester Zeit gegeben hat, nicht erst seit der 18. Dynastie oder der Ramessidenzeit. Allerdings kommt diese Beziehung in der Tat im späteren Neuen Reich und noch mehr in der Spätzeit in den Namen besonders oft und nachdrücklich zum Ausdruck.

Wie sie jeweils zu verstehen ist, muss aber nicht immer unmittelbar deutlich sein: Z.B. finden sich im Alten Reich noch keine Namen, die ihren Träger als Sohn oder Tochter eines Gottes bezeichnen, im Mittleren Reich ist so etwas dagegen häufig, z.B. „Sohn des Onuris", „Tochter des Sobek" oder *ms-Ḥr* „Kind des Horus". Ranke zufolge wären solche Namen im Alten Reich noch eine „unvorstellbare Lästerung" gewesen. Er führt diese neue Namenstypen auf die angebliche „'Demokratisierung' ursprünglicher Sonderrechte des Königs" und die revolutionären Impulse der 1. Zwischenzeit zurück, wodurch nun auch einfache Leute sich als Götterkinder bezeichnen konnten, nicht nur die Könige[183]. Das dürfte aber eine Überinterpretation sein. Solchen Namen liegt wohl eher der Gedanke zugrunde, dass ein Gott das Kind geschenkt hat, vielleicht weil die Eltern darum gebetet haben. Ein „Sohn des Onuris" enthält sicher keinen Anspruch auf wirkliche Gottessohnschaft wie der Königstitel „Sohn des Re". In solchen Namen muss daher nicht notwendig

181 Scheele-Schweitzer, Personennamen, 112–113; Ranke, PN, II, 224–227.

182 Z.B. *Ḥr-m-zꜣ.f /.s* „Horus ist sein / ihr Schutz" (Ranke, PN, I, 248,12/13), viele Namen auch mit *ḫwj* oder *mkj* u.ä.

183 Ranke, PN, II, 233–234.

eine „tiefe Kluft“ zwischen Altem und Mittlerem Reich zum Ausdruck kommen, wie Ranke meinte.

Wenn Namen verkürzt werden, kann – im Fall von theophoren Namen – der Gottesname nicht mehr erkennbar sein, z.B. in *Ḥwj* als Verkürzung von *Jmn-ḥtp* oder *Mḥ* als Kurzform von *Jmn-m-ḥꜣb* (s.o., 1.2). Da solche Kurznamen besonders in der Amarnazeit häufig sind, hat D. Raue die ansprechende Vermutung geäußert[184], dass man dadurch die Namen der damals unerwünschten traditionellen Götter verschleiern wollte.

2.4.2 Die Götter der theophoren Namen

Da es umfassende Sammlungen von Personennamen gibt, liegt der Gedanke nahe, die in den theophoren Namen vorkommenden Götter auszuzählen und daraus auf ihre Beliebtheit bzw. Wichtigkeit zu schließen. Tatsächlich hat Ranke auch für die großen Epochen eine Art Hitparade der namensgebenden Götter aufgestellt:

- Altes Reich[185]: Ptah, Re, Hathor, Horus, Chnum, Min, Sobek, Anubis, Sokar ...
- Mittleres Reich: Ptah, Hathor, Horus, Sobek, Amun, Month, Min, Onuris, Anubis, Re, Thot ...
- Neues Reich: Amun, Re, Mut, Ptah, Month, Chons, Horus, Hathor, Thot, Min, Seth ...
- Spätzeit: Amun, Horus, Chons, Mut, Isis, Ptah, Bastet, Apis, Neith, Osiris, Re, Min, Hathor, Thot, Sachmet ...[186].

Aus solchen Aufstellungen kann man natürlich keineswegs unmittelbar auf die Prominenz der Götter in diesen Epochen schließen, es ist offensichtlich, dass sich darin ebenso die Prominenz der Fundplätze widerspiegelt: Das sieht man ganz deutlich an dem Überwiegen thebanischer Götter im Neuen Reich und dem häufigen Auftreten memphitischer Götter im Alten und Mittleren Reich.

Insgesamt enthält Rankes Ranking wenig Überraschungen, aber die wären auch nicht zu erwarten. Ptah ist im Alten und Mittleren Reich der in Namensmustern häufigste Gott, im Neuen Reich und der Spätzeit Amun – mit großem Abstand. Wenn Mut und Chons in diesen Epochen ebenfalls recht beliebt sind, ist das aller-

184 D. Raue, Namen in einer heiligen Stadt, in: S. Meyer (Hg.), Egypt – Temple of the Whole World, Studies in Honour of Jan Assmann, Leiden 2003, 367–389, hier 380–382.

185 PN, II, 230; s.a. Scheele-Schweitzer, Personennamen, 33–44. 107–108, mit ganz ähnlichem Ergebnis.

186 Ranke, PN, II, 233–247 (233–237: Mittleres Reich. 237–243: Neues Reich. 243–247: Spätzeit).

dings wohl in erster Linie dem Fundplatz Theben geschuldet. Ähnliches sollte für das relativ häufige Auftreten des Sobek im Mittleren Reich gelten. Die große Göttin Sachmet taucht erst nach dem Neuen Reich öfter in Namen auf; das passt dazu, dass die memphitische Triade offenbar erst im Neuen Reich gebildet worden ist. Dagegen ist der Apis schon in der Frühzeit in Memphis bezeugt, kommt aber in Namen erst in der Spätzeit häufiger vor. Tatsächlich gewinnt sein Kult größere Bedeutung erst im Lauf des Neuen Reiches, als auch die ersten großen Stiergräber errichtet werden, und seine Erscheinungsfeste und Bestattungszeremonien erreichen erst in der Spätzeit größte Popularität, auch außerhalb von Memphis, wie auch die archäologischen und textlichen Zeugnissen dokumentieren. Feste dürften im Übrigen besonders wichtig für die Prominenz eines Gottes sein; vielleicht ist dies der Grund, warum Min in allen Epochen recht häufig in Namen erscheint. Seth ist dagegen – kaum überraschend – nur im Neuen Reich etwas besser im Namensbestand vertreten. Aber auch Osiris und Isis sind trotz ihrer überragenden Bedeutung bis zur Spätzeit nur selten namensbildend; im Alten Reich kommen sie überhaupt nicht in Namen vor. Bei Osiris mag es aufgrund seiner Eigenschaft als Herrscher der Toten noch erklärlich sein, dass man eine gewisse Scheu vor dem Gebrauch seines Namens hatte[187]. Bei Isis ist dagegen weniger verständlich, warum sie erst ab dem Neuen Reich häufiger namensgebend ist.

In jedem Fall sind die in Personennamen vorkommenden Götter immer konkrete, an bestimmten Orten kultisch verehrte Götter. Es gibt zwar auch theophore Namen, die mit *(pꜣ) nṯr* gebildet sind, also keinen Gott mit seinem Namen nennen, z.B. *nṯr-wsr(w), nṯr-msj(w), nṯr-ḥtp(w), pꜣ-nṯr-j.jr-dj-sw, ns-pꜣ-nṯr* etc. Aber auch in diesen Namen ist sicher nicht „Gott" (schlechthin) gemeint, sondern eine konkrete kultische Gottheit, deren Identität den Namensgebern wohl selbstverständlich war.

2.4.3 Götternamen und -bezeichnungen

Aber nicht nur die Verteilung der Götter selbst in den Namen kann aufschlussreich sein, sondern auch die von Götternamen und -bezeichnungen. Man kann grundsätzlich unterscheiden zwischen den Namen der Götter (Ptah, Amun, Min etc.) und Bezeichnungen für sie, z.B. *(pꜣ) nfr-ḥr* „der mit schönem Gesicht" für Ptah oder *pꜣwtj tꜣwj* „der Urzeitliche der beiden Länder" und *pꜣ-qꜣ-šwtj* „der mit hohem Federpaar" für Amun, und die Namen lassen sich noch einmal in „einfache" (wie *Jmn*)

187 Vgl. dazu auch Coulon, in: Hérodot et l'Égypte, Lyon 2013, 173–177.

und erweiterte (bzw. spezifizierte) (wie *Jmn-m-Jpt*) trennen. Die Verteilung dieser Elemente auf die verschiedenen Namenstypen ist recht unterschiedlich[188].

Diese Unterschiede werden besonders deutlich bei einem Vergleich einiger soeben besprochenen in der 21. Dynastie aufgekommenen Namensformen sowie bei dem ein wenig früher in Mode gekommenen Typ *Ns* + Gottesname. In der Namensform „Gott NN hat gesagt, er oder sie wird leben" kommen fast ausschließlich *einfache* Götternamen vor, nur ganz ausnahmsweise Bezeichnungen. Beim Namenstyp „Gott / Göttin GN hat gegeben" (*Pꜣ / Tꜣ-dj-GN*) sind sowohl einfache Götternamen als auch Bezeichnungen gleicherweise üblich. Besonders auffällig ist aber, wie überaus häufig in ihm *erweiterte* Götternamen auftreten.

Auch bei Namen der Form *Ns* + Gottesname sind einfache und erweiterte Götternamen durchaus üblich. Sehr charakteristisch ist aber, dass gerade in den Namen dieser Form, fast von Anfang an, die Götter*bezeichnungen* ganz besonders häufig auftreten und die Namen deutlich überwiegen.

Vielleicht lassen sich diese Unterschiede folgendermaßen erklären: Namen des Typs *Ḏd-Ḫnzw-jw.f-ꜥnḫ* drücken nach allgemeiner und sicher richtiger Ansicht aus, dass der betreffende Gott durch ein Orakel das Leben des Kindes verheißen hat. Wenn in dieser Namensform fast ausschließlich einfache Gottesnamen auftreten, könnte das den Sinn haben, den orakelgebenden Gott mit seinem allgemeinen, landesweit anerkannten Namen zu benennen, nicht in einer lokal gebundenen Kultform, um die Gültigkeit und Reichweite des Orakels nicht zu beschränken.

Die Namen, die besagen, dass ein Gott das Kind „gegeben" hat, dürften oft dann von den Eltern gewählt worden sein, wenn sie an diese Gottheit appelliert hatten, ihnen ein Kind zu schenken. Ein Indiz dafür ist, dass dieser Namenstyp unvergleichlich viel häufiger bei Männern als bei Frauen vorkommt, und die Wunschkinder waren normalerweise wohl die Jungen. Ein solcher Appell wird sich vermutlich am ehesten an denjenigen Lokalgott gerichtet haben, dessen Heiligtum man besonders verbunden war. Das könnte erklären, warum gerade diese Namen besonders gern genauer spezifizierte Götterformen (wie *Jmn-m-jpt* oder *Ḥr-rsnt*) enthalten.

Die in den Namen des Typs *Ns* + Gottesname ausgedrückte recht allgemeine Art der „Zugehörigkeit" eignete sich wohl besonders gut dazu, das Kind nach der spezifischen Form eines Gottes oder Kultes zu benennen, zu der die Eltern oder die Familie insgesamt eine besondere Beziehung oder Zuneigung hatten, weil man vielleicht Priesterdienste für diesen Kult tat oder weil der Gott Gebete erhört hatte.

Es wäre also möglich, dass die Art und Weise, *wie* die Götter in theophoren Namen erscheinen, uns etwas über das Verhältnis der Namensgeber zu den Göttern verrät.

188 Vgl. zum Folgenden Jansen-Winkeln, in: Festschrift Edgar B. Pusch, 197–199.

2.4.4 Namen als Hinweise auf gesellschaftliche Phänomene

Die theophoren Personennamen können auch erhellend für ganz konkrete religiöse oder gesellschaftliche Phänomene sein. Nur wenige Beispiele:

Spätestens seit der 18. Dynastie sind Orakel in Ägypten üblich: Dabei entscheidet der jeweils angerufene Gott über einen ihm vorgelegten (oft juristischen) Sachverhalt oder auch über zukünftige Entwicklungen, etwa das Fortleben im Jenseits oder dem Menschen drohende Gefahren. Einen Höhepunkt des Orakelwesens erkennt man allgemein in der 21. Dynastie, und es ist wohl kein Zufall, dass Namen nach dem Muster *Ḏd-Ḫnzw-jw.f-ꜥnḫ* „Chons hat gesagt: er wird leben" gerade in dieser Zeit aufkommen und schnell populär werden. In der gesamten Dritten Zwischenzeit gibt es zahlreiche Orakeltexte und –inschriften. Danach werden sie sehr viel seltener, und daraus könnte man zunächst auf einen Rückgang des Orakelwesens schließen. Aber die Orakelnamen bleiben auch danach noch lange beliebt, und tatsächlich zeigen auch Herodot und andere klassische Quellen, dass das ägyptische Orakelwesen noch lange Zeit nach der 25. Dynastie blühte, sein scheinbarer Rückgang ist nur ein Trugbild der Lage unserer Quellen, die ab der 26. Dynastie in Oberägypten viel spärlicher vorhanden sind.

Ein Namenstyp, der ab der späteren 22. Dynastie[189] auftritt und danach gar nicht selten ist[190], lautet *Ḫꜣꜥ.w-s-n* + Gottesname „man hat ihn/sie der Gottheit NN hingelegt". Man hat verschiedentlich angenommen, dass dies, zumindest ursprünglich, Namen für Findelkinder waren, die man vor dem Tempel ausgesetzt hatte[191]. Die Aussetzung von Kindern ist aus nahezu allen Weltteilen bekannt, auch im Altertum, in Mesopotamien, Griechenland und Rom. Dass es so etwas auch in Ägypten gegeben hat, ist a priori überaus wahrscheinlich. Wenn es für diese Sitte aus vorptolemäischer Zeit keine Quellen gibt, bedeutet das wenig: in welchen Quellen könnte sie denn überhaupt bezeugt sein? Ph. Collombert möchte allerdings diese Namen anders verstehen: er rechnet sie zu den „noms imprécatoires" und sieht auch hier die „bösen Geister" im Spiel, also etwa „sie haben sie der Isis (o.ä.) überlassen", im Sinne von: sie haben den Kampf um das Kind aufgegeben und es der wohltätigen Göttin „überlassen"[192]. Damit würde man den notorischen Übertätern allerdings

189 Herkunft und Datierung der Papyrusfragmente Kairo JE 95892 in die 21. Dynastie (A. Niwiński, Studies on the Illustrated Theban Funerary Papyri of the 11th and 10th Centuries B.C., OBO 86, 1989, 271; Vittmann, GM 141, 1994, 102; Thirion, RdE 56, 2005, 183) sind ganz fraglich.

190 Thirion, RdE 56, 2005, 181–187.

191 Vgl. Ranke, PN, II, 227; E. Feucht, Das Kind im Alten Ägypten, Frankfurt a.M. 1995, 112.

192 Collombert, in: R. Meffre / F. Payraudeau, Éclats du crépuscule. Recueil d'études sur l'Égypte tardive offert à Olivier Perdu (Hgg.), 207; ähnlich E. Lüddeckens, in: Ägypten, Dauer und Wandel,

eine geradezu positive Aktion unterstellen. Bis auf weiteres scheint es doch näherliegend, in diesen Namen eine Anspielung auf Kindsaussetzung zu sehen.

In den typischen Schemata theophorer Namen erscheinen zuweilen statt eines Gottesnamens normale Personennamen, z.B. *Pꜣ-dj-Ḫnzw-jy* und *Tꜣ-dj-Ḫnzw-jy* oder *Pꜣ-dj-ꜥšꜣ-jḫt* und *Tꜣ-dj-ꜥšꜣ-jḫt*[193] oder *Ns-ꜥnḫ.f-n-mꜣꜥt*[194]. Aufgrund dieser Namenstypen lässt sich mit großer Wahrscheinlichkeit darauf schließen, dass es vergöttlichte Personen namens *Ḫnzw-jy*, *ꜥšꜣ-jḫt* und *ꜥnḫ.f-n-mꜣꜥt* gegeben hat, auch wenn sie aus anderen Quellen nicht bekannt sein sollten. Insgesamt dürfte es in Ägypten gar nicht wenige vergöttlichte Personen gegeben haben, die nur durch derartige Namen bekannt sind[195].

Der Name *Ḏd-* *jw.s-ꜥnḫ* einer Königstochter der 22. Dynastie[196] dürfte aber wohl eher den Namen einer anderweitig nicht bekannten Gottheit enthalten als den einer vergöttlichten Privatperson. In jedem Fall sind es auch hier die Namen, die uns bestimmte Sachverhalte erkennen lassen.

2.4.5 Ka-Namen

Abschließend noch etwas zu einer Kategorie von Namen, die bisher noch nicht erwähnt worden ist, diejenigen, die den Begriff des Ka enthalten. Der Ka erscheint darin ganz unterschiedlich: als Handelnder, als Betroffener, mit bestimmten Eigenschaften versehen, an einem bestimmten Ort vorhanden etc., es kann der Ka des Namensträgers sein oder der Ka bestimmter Götter. Tatsächlich sind die Ka-Namen in Bildung und Inhalten den theophoren Namen sehr ähnlich, der Ka hat in ihnen als Agens oder Träger von Eigenschaften nahezu dieselbe Rolle wie die Gottheit in den theophoren Namen. Und seine Eigenschaften und Handlungen werden natürlich auch immer nur als positiv beschrieben.

Ka-Namen sind im Alten Reich überaus häufig und machen etwa 10 % des gesamten Bestandes aus, auch im Mittleren Reich gibt es noch sehr viele. Aber schon zu Beginn des Neuen Reiches sind sie selten geworden, und in der Spätzeit

---

SDAIK 18, 1985, 109 und Thirion, RdE 56, 2005, 183 (oben). Allerdings scheint mir die Bedeutung von *ḫꜣꜥ* „legen, (über)lassen" besser zu Rankes Erklärung zu passen.

193 A. Leahy, Ḫnsw-iy: A Problem of Late Onomastica, GM 60, 1982, 67–79; Ranke, PN, I, 122,22. 372,25.

194 Leahy op.cit., 74.

195 Zusammengestellt in der Habilitationsschrift von A. von Lieven über „Heiligenkult und Vergöttlichung im Alten Ägypten", die leider noch unpubliziert ist.

196 Jansen-Winkeln, Inschriften der Spätzeit, II, 27 (12.33–34); Servir les dieux d'Egypte, Katalog Grenoble 2018, 49 (19).

findet man sie kaum noch. Zu den wenigen Ausnahmen gehören dann noch die Wiederaufnahmen älterer Königsnamen bei bestimmten Herrschern (wie *Nfr-kꜣ-Rꜥ* bei Schabako und *Ḫpr-kꜣ-Rꜥ* bei Nektanebos I.) oder in basilophoren Namen von Privatleuten. Ansonsten gibt es noch einige wenige Ka-Namen auf Serapeumstelen der Spätzeit, zweifellos im Zuge des Archaismus, der in Memphis ja besonders zahlreiche Vorbilder fand. Keines der im Neuen Reich und der Spätzeit neugebildeten Namensmuster enthält den Begriff Ka, obwohl es fast ausschließlich religiöse, keine profanen Namen sind. Es scheint, als sei das Konzept des Ka ab dem Neuen Reich weniger wichtig geworden. Die einschlägigen Arbeiten zum Ka differenzieren kaum nach Epochen. Immerhin hat A. Bolshakov, Autor eines der umfangreichsten Werke zum Ka, in einem Lexikonbeitrag[197] festgestellt, dass die Vorstellung vom Ka im Neuen Reich viel von ihrer Bedeutung verloren hat. Nach dem Neuen Reich hat das Wort Ka, wie oben (1.1) erwähnt, öfter die Bedeutung von „Namen". Und noch bemerkenswerter ist, dass der Begriff des Ka im Demotischen in lebendiger Sprache nicht mehr vorhanden ist[198]. Erichsens Demotisches Glossar[199] erwähnt nur die Zusammensetzung *ḥwt-kꜣ* und das Chicago Demotic Dictionary nur die vier Ka im Mythos vom Sonnenauge. Daneben kommt er nur noch in einigen wenigen demotisch geschriebenen *alten* Texten vor. Es scheint also wirklich so zu sein, dass der Ka als Konzept aus der *lebendigen* Kultur Ägyptens verschwindet. Diese Entwicklung wird dadurch verdunkelt, dass die ägyptische Kultur in Darstellungen und Texten so stark von der Tradition geprägt ist, dass man vielfach kaum feststellen kann, ob bestimmte Konzepte überhaupt noch aktuell in der Gesellschaft vorhanden sind. Die Geschichte der Personennamen, die ja in jeder Generation neu gewählt und vergeben werden, zeigt uns aber, dass die Vorstellung vom Ka tatsächlich ein aussterbendes Konzept war.

Zusammenfassend wird man feststellen dürfen, dass (auch) die Personennamen Quellen sein können, die uns in einigen Punkte Aufschluss über die altägyptische Kultur geben können.

197 In: D. Redford (Hg.), The Oxford Encyclopedia of Ancient Egypt, Kairo 2001, II, 216.

198 In demotischen Texten kann *kꜣ* durch *š(ꜣ)j* „Schicksal" vertreten werden, s. Spiegelberg, ZÄS 49, 1911, 126, mit n. 1; J. Quaegebeur, Le dieu égyptien Shaï, OLA 2, 1975, 119–120. 134–137.

199 Kopenhagen 1954, 556.

Ausgewählte Literatur zu den altägyptischen Namen

Barta, W.: Zur Konstruktion ägyptischer Personennamen mit einem Königsnamen als Komponente, ZÄS 117, 1990, 2–11

Bonnet, H.: s.v. Name, in: H. Bonnet, Reallexikon der ägyptischen Religionsgeschichte, 501–504

Breyer, F.: Altägyptische Namen und Wörter im Alten Testament, Münster 2019 (dazu G. Vittmann, OLZ 116, 2021, 275–288)

Brunner-Traut, E.: Namenstilgung und -verfolgung, in: Lexikon der Ägyptologie, IV, Wiesbaden 1982, 338–341

Brunsch, W.: Untersuchungen zu den griechischen Wiedergaben ägyptischer Personennamen, Enchoria 8, 1978, 1–142

Calderini, R.: Ricerche sul doppio nome personale nell'Egitto greco-romano, Aegyptus 21, 1941, 221–260. 22, 1942, 3–45

Clarysse, W. / Blasco Torres, A. I. (Hgg.), Egyptian Language in Greek Sources. Scripta Onomastica of Jan Quaebebeur, OLA 280, 2019

Colin, F.: Les Libyens en Égypte (XVE siècle A.C. – IIE siècle P.C.). Onomastique et Histoire. Diss. Brüssel, 1995–1996.

Collombert, Ph.: Qui sont-,ils'? L'enfant nouveau-né comme enjeu divin à la lumière de certains anthroponymes d'époque tardive, in: R. Meffre / F. Payraudeau (Hgg.), Éclats du crépuscule. Recueil d'études sur l'Égypte tardive offert à Olivier Perdu, OLA 315, 2022, 171–230

Doxey, D.: s.v. Names, in: D.B. Redford (Hg.), The Oxford Encyclopedia of Ancient Egypt, II, Kairo 2001, 490–492

Edel, E.: Neue Deutungen keilschriftlicher Umschreibungen ägyptischer Wörter und Personennamen, Sitzungsberichte ÖAW 375, Wien 1980

Gourdon, Y.: L'étude des anthroponymes du IIIe millénaire. Approche méthodologique, in: Y. Gourdon / A. Engsheden (Hgg.), Études d'onomastique égyptienne. Méthodologie et nouvelles approches, RAPH 38, Kairo 2016, 9–27

Gourdon, Y.: Nommer les hommes d'après les dieux. Expression de la piété personnelle dans l'Égypte du IIIe millénaire, in: Y.Gourdon / A. Engsheden (Hgg.), Études d'onomastique égyptienne. Méthodologie et nouvelles approches, RAPH 38, 235–252

Graefe, E.: Ein Goldring und neuer Beleg für den Personennamen-Typus Šb/p-n(j)-[Gottesname] 'Belohnung der Gottheit NN', in: R. Meffre / F. Payraudeau (Hgg.), Éclats du crépuscule. Recueil d'études sur l'Égypte tardive offert à Olivier Perdu, OLA315, 2022, 231–245

Graefe, E.: Kinder als Söhne und Töchter einer Gottheit? Was bedeutet der Name ϣⲉⲛⲟⲩⲧⲉ?, in: F. Feder u.a. (Hgg.), Sortieren – Edieren – Kreieren. Zwischen Handschriftenfunden und Universitätsalltag, Stephen L. Emmel zum 70. Geburtstag gewidmet, Münster 2022, 245–250

Guentch-Ogloueff, M.: Noms propres imprécatoires, BIFAO 40, 1941, 117–133

Hoffmann, K.: Die theophoren Personennamen des älteren Ägyptens, UGAÄ VII.1, 1915

Hopfner, Th.: Graezisierte, griechisch-ägyptische, bzw. ägyptisch-griechische und hybride theophore Personennamen aus griechischen Texten, Inschriften, Papyri, Ostraka, Mumientäfelchen und dgl. und ihre religionsgeschichtliche Bedeutung, ArOr 15, 1946, 1–63

https://doi.org/10.1515/9783111557038-004

Jansen-Winkeln, K.: Zum Wandel der Personennamen von der Ramessidenzeit zur Spätzeit, in: H. Franzmeier u.a. (Hgg.), Mit archäologischen Schichten Geschichte schreiben. Festschrift für Edgar B. Pusch, Hildesheim 2016, 189–199

Kampp-Seyfried, F.: Zur Verfemdung des Namens Pꜣ-rn-nfr, in: H. Guksch / D. Polz (Hgg.), Stationen. Beiträge zur Kulturgeschichte Ägyptens, Mainz 1998, 304–319

Leahy, A.: ‚May the King Live': the Libyan Rulers on the Onomastic Record, in: A. B. Lloyd (Hg.), Studies in Pharaonic Religion and Society in Honour of J. Gwyn Griffiths, London 1992, 146–163

Lefébure, E.: L'importance du nom chez les Egyptiens, Sphinx 1, 1897, 93–112

Levy, E.: Über die theophoren Personennamen der alten Ägypter zur Zeit des Neuen Reiches (Dyn. XVIII–XX), Diss. Berlin 1905

Lieblein, J.: Hieroglyphisches Namen-Wörterbuch, genealogisch und alphabetisch geordnet, Christiania / Leipzig 1871

Lüddeckens, E.: Namenkunde, in: Textes et langages de l'Égypte pharaonique, I, BdE 64, 241–248

Lüddeckens, E.: Die theophoren Personennamen im pharaonischen, hellenistisch-römischen und christlichen Ägypten, in: Ägypten, Dauer und Wandel, SDAIK 18, 1985, 105–113

de Meulenaere, H.: Anthroponymes égyptiens de Basse Èpoque, CdE 38, 1963, 213–219

de Meulenaere, H.: Le surnom égyptien à la Basse Époque, Istanbul 1966

Muchiki, Y.: Egyptian Proper Names and Loanwords in North-West Semitic, Atlanta 1999

Noonan, B. J.: Non-Semitic Loanwords in the Hebrew Bible, Pennsylvania 2019

Parthey, G.: Aegyptische Personennamen bei den Klassikern, in Papyrusrollen, auf Inschriften, Berlin 1864

Payraudeau, F.: Anthroponymie et histoire sociale à la Troisième Période intermédiaire, in: Y. Gourdon / A. Engsheden (Hgg.), Études d'onomastique égyptienne. Méthodologie et nouvelles approches, RAPH 38, Kairo 2016, 253–270

Porten B. / Vittmann, G.: Egyptian Namens in Aramaic Texts, in: K. Ryholt (Hg.), Acts of the Seventh International Conference of Demotic Studies, Copenhagen, 23–27 August 1999, CNIP 27, 2002, 283–327

Posener, G.: Sur l'attribution d'un nom à un enfant, RdE 22, 1970, 204–205

Preisigke, F.: Namenbuch enthaltend alle griechischen, lateinischen, ägyptischen, hebräischen, arabischen und sonstigen semitischen und nichtsemitischen Menschennamen, soweit sie in griechischen Urkunden (Papyri, Ostraka, Inschriften, Mumienschildern usw.) Ägyptens sich vorfinden, Heidelberg 1922

Quack, J.: You don't mess with the gods. Zu einigen Namensbildungen besonders der Dritten Zwischenzeit, in: in: F. Coppens u.a. (Hgg.), Knowledge and Memory. Festschrift in honour of Ladislav Bareš, Prag 2022, 443–451

Quaegebeur, J.: Greco-Egyptian double-names as a feature of a bi-cultural society, in: Life in a Multi-Cultural Society, SAOC 51, 265–272

Quaegebeur, J.: The Study of Egyptian Proper Names in Greek Transcription. Problems and Perspectives, Onoma 18, 1974, 403–420

Quaegebeur, J. / Vandorpe, K.: Ancient Egyptian Onomastics, in: E. Eichler u.a. (Hgg.), Namenforschung. Ein internationales Handbuch zur Onomastik, Berlin 1995, 841–851

Ranke, H.: Die Ägyptischen Personennamen, I: Verzeichnis der Namen, Glückstadt 1935; II: Einleitung. Form und Inhalt der Namen. Geschichte der Namen. Vergleiche mit anderen Namen. Nachträge und Zusätze zu Band I. Umschreibungslisten, Glückstadt 1952; III: Verzeichnis der Bestandteile, Glückstadt 1977

Ranke, H.: Altägyptische Personennamen juristischen und politischen Inhalts, in: E. Falkenberg (Hg.), Beiträge zur Kultur- und Rechtsphilosophie, Heidelberg 1948, 244–250

Ranke, H.: Grundsätzliches zum Verständnis der ägyptischen Personennamen in Satzform, SHAW 1937, 1–34

Ranke, H.: Keilschriftliches Material zur altägyptischen Vokalisation, Berlin 1910

Raue, D.: Namen in einer heiligen Stadt, in: S. Meyer (Hg.), Egypt – Temple of the Whole World, Studies in Honour of Jan Assmann, Leiden 2003, 367–387

Rizzo, J.: „Perpétuer le nom" (*sꜥnḫ rn*). Une liturgie mémorielle dans l'ancienne Égypte, CENiM 39, Montpellier 2024

Scheele-Schweitzer, K.: Die Personennamen des Alten Reiches, Philippika 28, 2014

Schmitt, R. / Vittmann, G.: Iranische Namen in ägyptischer Nebenüberlieferung, in: R. Schmitt u.a. (Hgg.), Iranisches Personennamenbuch, VIII, Sitzungsberichte ÖAW, Bd. 842, 2013

Schneider, Th.: Asiatische Personennamen in ägyptischen Quellen des Neuen Reiches, OBO 114, 1992

Schott, S.: Zur Unvergänglichkeit des Namens, MDAIK 25, 1969, 131–135

Störk, L.: Schandnamen, in: H.-E. Fischer-Elfert (Hg.), Studies on the Middle Kingdom in Memory of Detlef Franke, Wiesbaden 2013, 211–213

Thirion, M.: Notes d'onomastique. Contribution à une révision de Ranke *PN*, RdE 31, 1979, 81–96. RdE 33, 1981, 79–87. RdE 34, 1982–83, 101–114. RdE 36, 1985, 125–143. RdE 37, 1986, 131–137. RdE 39, 1988, 131–146. RdE 42, 1991, 223–240. RdE 43, 1992, 163–168. RdE 45, 1994, 175–188. RdE 46, 1995, 171–186. RdE 52, 2001, 265–276

Vernus, P.: Name, in: Lexikon der Ägyptologie, IV, Wiesbaden 1982, 320–326

Vernus, P.: Namengebung, in: Lexikon der Ägyptologie, IV, Wiesbaden 1982, 326–333

Vernus, P.: Namensbildung, in: Lexikon der Ägyptologie, IV, Wiesbaden 1982, 333–337

Vernus, P.: Le surnom au Moyen Empire, Studia Pohl 13, 1986

Vittmann, G.: Personal Names: Function and Significance, in: UCLA Encyclopedia of Egyptology 1/1, 1–14. https://escholarship.org/uc/item/7t12z11t (zuletzt aufgerufen am 06.06.2024)

Vittmann, G.: Personal Names: Structures and Patterns, in: UCLA Encyclopedia of Egyptology 1/1, Los Angeles 2013, 1–14. https://escholarship.org/uc/item/42v9x6xp (zuletzt aufgerufen am 06.06.2024)

www.ingramcontent.com/pod-product-compliance
Lightning Source LLC
LaVergne TN
LVHW050956080826
845145LV00006B/1516

* 9 7 8 3 1 1 1 5 5 6 6 0 4 *